NAUFRAGE
ET
AVENTURES
DE M: PIERRE VIAUD,
NATIF DE ROCHEFORT,
CAPITAINE DE NAVIRE.

NAUFRAGE
ET
AVENTURES
DE M. PIERRE VIAUD,
NATIF DE ROCHEFORT,

CAPITAINE DE NAVIRE.

...... Forsan & hæc olim meminisse juvabit.
Virg. Æneid. Lib. 1.

NOUVELLE ÉDITION.

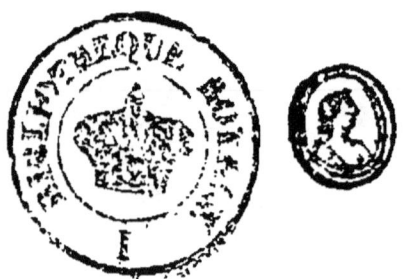

A BORDEAUX,
Chez les Freres LABOTTIERE, Libraires,
ET A PARIS,
Chez LEJAY, Libraire, rue Saint-Jacques,
au Grand Corneille.

M. DCC. LXXX.
Avec Approbation & Privilége du Roi.

AVIS DU LIBRAIRE.

C'est par erreur qu'on avoit dit dans la premiere Édition de cet Ouvrage que le Sieur Viaud étoit natif de Bordeaux; il est natif de Rochefort.

PRÉFACE.

Les aventures de M. Viaud sont faites pour intéresser les cœurs honnêtes & sensibles. On sera étonné des infortunes affreuses qu'il a éprouvées pendant quatre-vingt-un jours, depuis le 16 Février 1765 jusqu'au 8 Mai 1766. On conçoit à peine comment un homme a pu vivre dans une situation aussi terrible. C'est dans cette occasion qu'on peut dire que la vérité n'est pas vraisemblable. Mais tout ce qu'on rapporte dans cette Relation est attesté. M. Viaud est actuellement plein de vie, & eſtimé de ceux qui le connoiſſent. Sa bonne foi, ſon intelligence dans la Marine, lui ont mérité la confiance de pluſieurs Négocians. Il ne craint pas de publier ſes Aventures, & de les laiſſer paroître ſous ſon nom : c'eſt lui-même qui les a écrites ; on n'y a changé que quelques mots & quelques expreſſions en faveur de ces lecteurs difficiles, auxquels le ſtyle ſimple & ſouvent groſſier d'un Marin auroit pu déplaire ; mais on a conſervé précieuſement ſes idées, ſes réflexions, & autant qu'il a été poſſible, ſa maniere de les

PRÉFACE.

rendre : on a préféré à une plus grande correction, cette rudesse marine, si l'on peut s'exprimer ainsi, qui n'est peut-être pas sans mérite, & qui a sur-tout un ton de franchise & de vérité que que l'on verra certainement avec plaisir. On laisse l'élégance & la délicatesse du du style aux Romanciers, qui en ont besoin pour dédommager leurs Lecteurs du vuide de leurs productions. Quel effet pourroient produire, sans cet attrait, les actions souvent mal imaginées de leurs Héros chimériques ? Elles attacheroient peut-être les jeunes gens qui recherchent avidement ces sortes d'Ouvrages, & dont le goût n'est pas difficile ; mais les hommes faits les mépriseroient sans les lire. Les infortunes de M. Viaud n'ont pas besoin de ces ornemens étrangers. On ne trouve pas ici l'histoire de sa vie : on n'y voit que la relation de son naufrage, & des malheurs qui l'ont suivi.

M. Pierre Viaud est Capitaine de Navire, & a été reçu en cette qualité à l'Amirauté de Marennes au mois d'Octobre 1761. C'est par erreur que dans la premiere Edition de son Naufrage on a dit qu'il étoit de Bordeaux :

PRÉFACE.

on a été trompé par une personne qui prétendoit être bien instruite. On ne pouvoit consulter M. Viaud qui étoit alors absent : il a écrit lui-même pour avertir de cette erreur peu importante sans doute, & facile à corriger.

Qu'il nous soit permis d'ajouter un mot sur cette nouvelle Édition : on a lieu d'espérer qu'elle sera aussi-bien accueillie que la premiere: on en a retranché quelques répétitions ; c'est à ces seules corrections qu'on a dû se borner. Ce n'est pas ici un Roman qu'on peut augmenter ou élaguer à sa volonté

PRÉFACE.

Les faits ont dû rester tels qu'ils font. Quelques Lecteurs ont été révoltés du meurtre du Negre : on n'entreprendra pas de le justifier; mais on les priera de considérer un instant les circonstances dans lesquelles se trouvoient M. Viaud & sa malheureuse compagne, lorsqu'ils se porterent à cette atrocité. Le désespoir & la faim qui la leur firent commettre, les excusent peut-être en partie. Plusieurs personnes ont prétendu que ce fait n'étoit pas vraisemblable, & en ont conclu que la relation n'étoit qu'un roman. Si ce trait étoit unique,

PRÉFACE. xj

leur incrédulité pourroit être fondé; mais les voyageurs en fourniſſent une infinité d'exemples, dont la plupart ſont aſſez connus. Qu'elles nous permettent de leur en citer un qui l'eſt moins; nous le rapporterons d'après la dépoſition qui en fut faite au commencement de l'année 1766, entre les mains de M. George Nelſon, Lord-Maire de Londres, & reçu par M. Robert Shank, Notaire public.

David Harriſon, Commandant du petit Bâtiment la Peggy, de la nouvelle Yorck, s'étoit rendu à Fyal, l'une des Açores, où il avoit

A vj

chargé du vin & des eaux-de-vie. Il en étoit parti le 24 Octobre 1765 pour retourner à la nouvelle Yorck. Dès le 29 le vent qui étoit favorable changea tout-à-coup; des tempêtes qui se succéderent jusqu'au 1er Décembre suivant, endommagerent beaucoup son vaisseau, y ouvrirent des voies d'eau, renverserent ses mâts, déchirerent ses voiles, & les mirent toutes hors d'état de servir, à l'exception d'une seule. Le mauvais temps continua encore après le premier Décembre. Les provisions étoient épuisées; le navire avoit été écarté de sa route, il ne pouvoit avancer : l'équipage étoit dans la situation la plus déplorable, n'attendant des secours que du hasard. Un matin on apperçut deux vaisseau ; l'un de la Jamaïque, & faisant route pour Londres & l'autre de la nouvelle Yorck, allant à Dublin. L'agitation de la mer ne permit pas au Capitaine Harrison de s'approcher de ces vaisseaux qui furent bientôt hors de sa vue. L'équipage désespéré, manquant de tout, se jetta sur le vin & sur les eaux-de-vie de la cargaison : il abandonna au Capitaine deux petites mesures d'eau de quatre pintes chacune, qui étoit l'unique reste des provisions. Quelques jours s'écoulerent. Les matelots parvinrent, en s'enivrant, à adoucir les déchiremens de la faim. Ils rencontrerent bientôt un nouveau navire ; ils lui firent les signaux ordinaires pour marquer leur détresse : ils eurent la consolation de voir qu'on y répondoit. La mer étoit calme ; les deux vaisseaux s'approcherent : on promit du biscuit aux malheureux ; mais on ne le leur donna pas sur le champ. Le Capitaine s'excusa de ce délai sur une observation qu'il avoit commencé & qu'il

PRÉFACE. xv

vouloit finir; & il eut la barbarie de s'éloigner sans tenir sa parole; la consternation & le désespoir de l'équipage de la Peggy augmenterent. Il y avoit encore une paire de pigeons & un chat vivans dans le bâtiment: on les dévora les uns après les autres. La tête du chat échut au Capitaine, qui assure qu'il n'a jamais rien mangé de plus délicieux. Les huiles, les chandelles, les cuirs, servirent encore d'alimens à ces malheureux, & furent consommés le 28 Décembre. On ne sait comment ils vécurent jusqu'au 13 Janvier suivant; ils étoient encore tous vivans. Le matin ils se rendirent dans la chambre d'Harrison, qui étoit retenu au lit par la goutte. Le Contre-maître prenant la parole, après avoir peint des couleurs les plus terribles la situation déplorable à laquelle ils étoient tous réduits, lui déclara qu'il étoit nécessaire d'en sacrifier un pour sauver les autres, & qu'ils étoient résolus de tirer au sort. Le Capitaine fit tout ce qu'il put pour les détourner de cette horrible résolution. Ils ne l'écouterent pas: il lui repondirent qu'il leur étoit indifférent qu'il l'approuvât ou non; que ce n'étoit point par déférence qu'ils lui en avoient fait part; & que s'ils l'avoient prévenu qu'ils alloient tirer au sort, c'étoit parce qu'il en devoit aussi courir les risques lui-même : car, ajouterent-ils, l'infortune générale anéantit toutes les distinctions. Ils le quitterent à ces mots, & monterent sur le pont où ils firent parler le sort.

Le Capitaine avoit un Negre, ce fut lui qui périt le premier. Il y a lieu de soupçonner que les Matelots s'étoient contentés de feindre de tirer au sort, & l'avoient fait tomber sur lui. Il fut immolé sur le champ.

L'un d'eux preffé par la faim, lui arracha le foie & le dévora, fans avoir la patience de le faire griller. Il en tomba malade, & mourut le lendemain avec tous les fimptômes de la rage. Ses camarades auroient bien voulu le conferver pour le manger après le Negre; mais la crainte de mourir comme lui les en empêcha, & ils le jetterent dans la mer.

Le Capitaine ne voulut point partager leur horrible repas; il fe contenta de fon eau qu'il mêloit avec un peu de liqueur, & il ne prit point d'autre nourriture. Le corps du Negre ménagé avec beau-

PRÉFACE. xix

coup d'économie, dura jusqu'au 26 Janvier. Le 29, la troupe resolut de chercher une autre victime : elle alla encore en instruire Harrison, qui fut forcé d'y consentir; mais craignant que s'il laissoit à ses Matelots le soin de faire prononcer le sort sans lui, ils ne lui donnassent par beau jeu, il ranima ses forces : il fit écrire sur de petits billets le nom de chaque homme, & après les avoir pliés, il les mit dans un chapeau. L'équipage resta dans le silence pendant ces préparatifs : la terreur étoit peinte sur tous les visages. Celui qui porta la main au chapeau pour en tirer un bilet, ne le fit qu'en tremblant : il le remit au Capitaine qui l'ouvrit, lut tout haut, & leur fit lire le nom de David Flat. Le malheureux que le sort avoit nommé, parut se résigner tout-à-coup. Mes amis, dit-il à ses compagnons, tout ce que j'ai à vous demander, c'est de ne me pas faire souffrir : dépêchez-moi aussi promptement que le Negre; & se tournant vers celui qui avoit fait cette premiere exécution : c'est toi que je choisis, ajouta-t-il, pour me porter le coup mortel. Il demanda ensuite une heure pour se préparer à la mort. Ses compagnons fondirent en larmes, la pitié combattit la faim, & ils résolurent de retarder le sacrifice jusqu'au lendemain matin à onze heures. Ils se déterminerent à ce délai dans l'espérance de trouver quelqu'autre secours. L'infortuné Flat n'en reçut qu'une foible consolation. La certitude de mourir le lendemain fit sur lui une impression si profonde, qu'il tomba dangereusement malade. Son état devint si cruel, qu'avant la nuit quelques Matelots proposerent de le tuer sur le champ, pour mettre fin à ses souffrances. Mais la résolution qu'on avoit prise d'attendre au lendemain matin, prévalut. A dix heures & demie on avoit déja allumé un grand feu pour rôtir les membres du malheureux Flat. Celui qui devoit le tuer chargeoit déja le pistolet dont il vouloit se servir, lorsqu'on apperçut un vaisseau : c'étoit la Susanne qui revenoit de la Virginie, & faisoit voile pour Londres. Le Capitaine instruit de l'état de la Peggy, fit porter à l'équipage les secours les plus prompts, & le conduisit à Londres. Deux matelots périrent pendant la route. Flat recouvra sa santé, & le Capitaine Harrison à son

PRÉFACE. xxiij
arrivée fit la déclaration dont on vient de voir le précis : elle est aussi authentique qu'on peut le desirer, & peu de relations sont aussi attestées que celle-là. Il étoit intéressant pour le Commandant de la Peggy qu'elle le fût, parce qu'il devoit répondre du vaisseau & de sa charge qui n'étoit point pour son compte. Son intérêt eut pu le porter à en imposer ; mais il n'a pas été possible de douter des faits qu'il a déclarés : le témoignage de l'équipage de la Susanne a confirmé son recit. Aucun motif ne pouvoit engager M. Viaud à tromper sur sa si-

xxiv PRÉFACE.

tuation. Il a été malheureux; mais lui feul a perdu dans fon voyage, ainfi que fes compagnons. Il n'a écrit l'hiftoire de fes infortunes qu'à la follicitation d'un ami auquel il ne pouvoit rien refufer; & lorfqu'il a confenti à la publier, il y a été déterminé par l'efpoir trifte, mais confolant, de voir les ames honnêtes & fenfibles s'attendrir fur fon fort.

NAUFRAGE

NAUFRAGE
ET
AVENTURES
DE M. PIERRE VIAUD,
CAPITAINE DE NAVIRE.

Vous avez été long-tems inquiet sur mon sort, mon ami; vous étiez presque persuadé, ainsi que ma famille, que j'avois péri dans mon dernier voyage; le tems que j'ai passé sans écrire, vous confirmoit dans cette opinion; ma

A

lettre, dites-vous, a séché les larmes que l'idée de ma perte faisoit couler : les regrets de mes amis me flattent & m'attendrissent ; ils me consolent de mes malheurs passés, & je me félicite de vivre pour goûter encore le plaisir d'être aimé.

Vous vous plaignez de ce que je ne suis entré dans aucun détail sur mon naufrage ; rassuré sur ma vie & sur ma santé, vous desirez un récit plus circonstancié de mes aventures : je n'ai rien à vous refuser ; mais c'est une entreprise pénible, & dont je viendrai difficilement à bout ; je ne puis me rappeller sans frémir les infortunes que j'ai essuyées : je suis étonné moi-même d'y avoir résisté ; peu d'hommes en ont éprouvé de pareilles; plusieurs exciteront la pitié d'une ame aussi sensible que la vôtre; quelques-unes vous feront horreur. Vous verrez à quel excès a été quelquefois le désespoir dans lequel m'ont plongé mes souffrances, & vous ne serez point surpris qu'elles aient épuisé mes forces, affoibli mon tempérament, & qu'un état aussi terrible que le mien m'ait ôté souvent l'usage de la raison.

N'attendez pas sur-tout que je mette de l'ordre dans cette relation; j'ai perdu la plupart des dates; pouvoient-elles fixer mon attention lorsque j'étois accablé des peines les plus cruelles? Chaque jour ajoutoit à mes souffrances; le malheur présent m'afsectoit trop vivement pour me permettre de songer à celui qui l'avoit précédé ; pendant près de deux mois mon ame a été incapable de tout autre sentiment que celui de la douleur ; toutes ses facultés sembloient suspendues par le délire & la fureur du désespoir ; les époques se sont presque toutes effacées de ma mémoire, & je ne me ressouviens plus que d'avoir souffert. Je vous rapporterai les faits tels qu'ils sont, sans ornement, sans art ; ils n'en ont pas besoin pour intéresser mon ami ; je suis peu exercé à écrire : vous ne chercherez pas de l'élégance dans mon style ; vous y trouverez le ton d'un Maria, beaucoup d'incorrections & de franchise.

Lorsque je partis de Bordeaux au mois de Février 1765, sur le Navire *l'aimable Susette*, commandé par M. Saint Cric, à qui je servois de second, je ne m'attendois pas aux malheurs que la fortune me préparoit dans le nouveau monde. Mon voyage fut heureux, & j'arrivai à Saint Domingue sans avoir éprouvé aucun accident. Je ne vous parlerai point de mon séjour dans cette Isle; des soins de commerce remplirent tous mes momens; je m'occupai enfin de mon retour en France; le temps en approchoit; il étoit déja fixé; je tombai malade quelques jours avant l'embarquement. Affligé de ce contretemps, ne l'imputant qu'au climat du pays, je me persuadai que je me rétablirois aussi-tôt que je l'aurois quitté ; cette idée consolante me fit desirer avec impatience le jour du départ : il arriva ; je n'en tirai point le soulagement que j'avois espéré ; la mer, le mouvement du vaisseau augmenterent mon mal ; on me signifia que je ne pouvois continuer la route sans danger ; ma foiblesse m'en assuroit à chaque instant : je fus forcé de consentir à redescendre à terre, & l'on me débarqua dans le mois de Novembre à la Caye de Saint Louis (*a*).

(*a*) C'est un petit terrein de 4 à 500 pas de long sur 60 de large, qui n'a précisément que la hauteur suffisante pour n'être pas couvert d'eau quand la mer est haute ; il n'est séparé de l'Isle de Saint Domingue que par un canal d'environ 800 pas de large.

Cette nécessité d'interrompre mon voyage fut la source de mes infortunes.

Quelques jours de repos à Saint Louis, & les soins généreux de M. Desclau, un habitant de cette Isle qui m'avoit donné un logement dans sa maison, me rendirent bientôt ma premiere santé. J'attendois avec une vive impatience l'occasion de retourner en Europe: il ne s'en présentoit aucune; un long séjour à Saint Louis pouvoit nuire à ma fortune; cette inquiétude se joignoit à l'ennui qui me dévoroit; M. Desclau, mon hôte, s'en apperçut, la générosité avec laquelle il m'avoit secouru pendant ma maladie, m'avoit inspiré la reconnoissance la plus vive, & la plus tendre amitié; je ne pus lui cacher la cause de mes chagrins; il y prit part, & n'oublia rien pour me consoler. Un jour il vint me trouver, & me tint ce discours: J'ai réfléchi sur votre situation; la crainte de rester long-temps sans emploi est la seule chose qui vous afflige; l'espérance d'en trouver, est le motif qui vous fait souhaiter de vous revoir promptement en France; si vous m'en croyez, vous renoncerez à ce projet: vous avez quelques fonds, tentez la fortune, vous pourrez les tripler; je vous en fournirai les moyens. Je compte me rendre incessamment à la Louisiane avec des marchandises dont la vente est sûre; celles que je me propose d'y prendre à mon retour, me produiront un bénéfice honnête. Je connois ce commerce, je l'ai fait plusieurs fois, j'en connois tous les avantages; il dépend de vous de les partager en me suivant; vous me remercierez un jour du conseil que je vous donne.

Dans la position où je me trouvois, je n'avois pas de meilleur parti à prendre; ce discours de M. Desclau lui étoit dicté par l'amitié; je ne balançai pas à suivre ses avis; je m'associai avec lui pour une partie de son fonds; nous fimes les achats nécessaires, & il me servit dans cette occasion avec le zèle le plus empressé, & la probité la plus exacte. Nous fretâmes le Brigantin *le Tigre*, commandé par M. la Couture; le chargement se fit avec toute la célérité possible, & nous nous embarquâmes au nombre de 16, savoir, le Capitaine, sa femme & son fils, son second, neuf matelots, M. Desclau, un Négre que j'avois acheté pour me servir, & moi.

Nous appareillâmes de la rade de Saint Louis le 2 Janvier 1766, faisant route vers le trou Jeremy, petit port au nord de la pointe du Cap Dame Marie, où nous restâmes vingt quatre heures; nous en partimes pour nous rendre au petit Goave (*b*);

(*b*) Ou *Gouave*; on distingue le grand & le petit. Le premier est à quatre lieues sous le vent de Léogane; le second est à une mais cette seconde traversée ne fut pas si heureuse que la premiere. Nous essuyâmes un grain forcé de douze heures qui nous auroit infailliblement jettés sur les Cayes-mittes (*c*), si la violence du vent qui céda un peu, ne nous eut permis de faire usage de la voile pour nous écarter de cette côte. Un peu moins d'entêtement, & plus d'expérience de la part de notre Patron, auroient pu nous éviter ce danger. Je commençai dès-lors à m'appercevoir qu'il avoit plus de babil

---

lieue du premier ; on n'y mouille guères que dans des cas de nécessité.

(*c*) Petites Isles au couchant de l'Isle Espagnole, entre le quartier du nord & celui du sud ; elles font partie des Antilles.

que de science; je prévis que notre voyage ne se termineroit pas sans accident, & je me promis bien d'avoir l'œil sur sa manœuvre, pour prévenir, s'il étoit possible, les périls auxquels son ignorance pourroit nous exposer.

Nos affaires nous obligerent de séjourner pendant trois jours au petit Goave; nous dirigeâmes, en partant, notre route vers la Louisiane; les vents nous furent presque toujours contraires. Le 26 Janvier, nous apperçumes l'Isle des Pins (*d*), que notre Capitaine soutint être le Cap de Saint-Antoine. Je pris

---

(*d*) Elle est au midi de la partie occidentale de Cuba, & en est séparée par un canal d'environ 4 lieues de largeur.

la hauteur : je découvris facilement qu'il se trompoit ; j'essayai vainement de lui démontrer qu'il étoit dans l'erreur ; son opiniâtreté ne lui permit pas d'en sortir ; il continua sa route sans précaution, & il nous conduisit dans les brisans ; nous y étions déja enfoncés, lorsque je m'en apperçus pendant la nuit à la clarté de la lune. Je ne m'amusai pas à lui faire des reproches ; il commençoit à sentir qu'il avoit eu tort de ne m'avoir pas cru, & la crainte faisant taire son amour-propre, le contraignit de l'avouer. Le danger étoit pressant ; je pris la place du Capitaine en second, qui étoit très-mal & hors d'état de nous servir. Je fis virer de bord, & je commandai la manœuvre qui feule pouvoit nous fauver la vie : le fuccès y répondit ; mais après avoir évité ce péril, nous nous trouvâmes expofés à une infinité d'autres.

Notre bâtiment, fatigué par la mer, faifoit déja de l'eau dans plufieurs endroits ; l'équipage étoit inquiet, il vouloit que je me chargeaffe de la route ; mais je n'avois qu'une connoiffance théorique de ces côtes où je n'avois jamais été, & je favois qu'elle ne peut jamais fuppléer qu'imparfaitement à la pratique ; je fentois d'ailleurs que ce feroit faire de la peine au Capitaine ; on ne pouvoit lui refufer le droit de conduire un navire qui lui appartenoit. Je ne voulus pas lui donner ce défagrément, & je me contentai d'obferver attentivement fa manœuvre, tant pour ma tranquillité, que pour celle de tout le monde qui n'avoit plus confiance qu'en moi.

Nous doublâmes enfin le Cap de Saint-Antoine ; de nouveaux coups de vent nous affaillirent, & ouvrirent encore des voyes d'eau que les deux pompes épuifoient avec peine, quoiqu'on y travaillât fans relache. Le vent ne ceffoit pas de nous être contraire. Le mauvais temps augmentoit, la mer s'agitoit & nous menaçoit d'une tempête furieufe ; nous n'aurions pu y réfifter. L'alarme étoit générale fur notre bâtiment ; cette fituation douloureufe & terrible ne paroiffoit pas prête à changer. Dans ces circonstances funestes, le 16 Février à sept heures du soir, nous rencontrâmes une Frégate Espagnole venant de la Havane, & portant le Gouverneur & l'Etat-major qui alloient prendre possession de Mississipi ; elle nous demanda compagnie, ce que nous accordâmes avec joie, car nous l'aurions priée de nous permettre de la suivre si elle ne nous avoit pas prévenus. Rien n'est plus consolant pour des Marins, dans le cours d'un voyage fatiguant & pénible, que de rencontrer quelque vaisseau qui tienne la même route ; ce n'est pas qu'ils puissent compter en tirer beaucoup de secours au milieu d'une tempête, où chacun est trop occupé de sa propre conservation pour songer à celle des autres ; mais dans l'attente d'un péril, il semble qu'il sera moindre lorsqu'on sait qu'il sera partagé.

Nous ne conservâmes pas long-temps la compagnie de la frégate, nous la perdîmes pendant la nuit, elle faisoit route à petite voile, nous n'en pouvions porter aucune, & nous étions contraints de tenir à la cape. Le lendemain nous nous trouvâmes seuls ; nous découvrîmes une nouvelle voye d'eau qui redoubla notre consternation. On me consulta sur ce qu'il falloit faire. Je sentis qu'il étoit nécessaire d'alléger promptement le bâtiment : nécessité cruelle pour des

Marchands, qui font obligés de jetter eux-mêmes dans la mer une partie des biens qu'ils ont acquis avec beaucoup de peines, & fur lefquels ils ont fait des fpéculations qui pouvoient les augmenter ; mais dans de pareilles circonftances, la confervation de la vie eft le premier intérêt, on l'écoute lui feul, & l'on oublie tous les autres. Je fis décharger le brigantin de toutes les marchandifes de poids. J'établis un puits au grand panneau avec les barriques de notre cargaifon, afin d'effayer fi l'on pourroit achever d'épuifer l'eau avec des feaux, les deux pompes ne fuffifant pas. Ces foins furent inutiles ; l'eau nous gagnoit de plus en plus ; le travail des Matelots les épuisoit avec de foibles succès. Il étoit impossible de tenir la mer encore long-temps: nous prîmes la résolution de relâcher à la Mobille, c'étoit le seul port où le vent nous permettoit de nous rendre, c'étoit aussi le plus près ; nous étions à quatre ou cinq lieues des Isles de la Chandeleur.

Nous dirigeâmes donc notre route vers la Mobille, mais le Ciel ne nous permit pas d'y arriver ; le vent qui nous étoit favorable changea au bout de deux heures ; nous fumes obligés de renoncer à notre projet ; nous fimes tous nos efforts pour gagner Passacole, port plus éloigné que celui de la Mobille ; mais cette entreprise échoua encore, les vents toujours déchaînés contre nous, nous contrarierent de nouveau, & nous retinrent au milieu d'une mer agitée contre laquelle nous combattions, privés de l'espoir de prendre port nulle part, & attendant le moment où l'océan ouvriroit ses abîmes pour nous engloutir.

J'ai fait plusieurs voyages dans ma vie, je ne me souviens pas d'en avoir fait où j'aie tant souffert, & où la fortune m'ait été aussi contraire, jamais le ciel & la mer ne se sont réunis avec plus de fureur & de constance pour tourmenter de malheureux voyageurs. Nous sentions enfin qu'il étoit impossible de sauver notre bâtiment & nos effets ; la conservation même de notre vie devenoit difficile; nous nous occupâmes de cet unique foin, & nous tentâmes de faire côte aux Apalaches, mais nous ne pûmes parvenir à les gagner. Nous restâmes à la merci des flots entre la vie & la mort, gémissant sur notre infortune, assurés de périr, & faisant néanmoins des efforts continuels pour sortir de danger. Tel fut notre état depuis le 12 Févrer jusqu'au 16. Le soir à sept heures, nous nous trouvâmes échoués sur une chaîne de brisans, à deux lieues de la terre. Les secousses furent si terribles, qu'elles ouvrirent l'arriere de notre bâtiment; nous demeurâmes trente minutes dans cette situation, éprouvant des alarmes inexprimables. La violence & la force des lames nous jettetent au bout d'une demie-heure hors de ces brifans ; nous nous retrouvâmes à flots fans gouvernail, combattus par l'eau qui nous environnoit, & par celle qui entroit dans notre vaiffeau, & qui augmentoit à chaque inftant.

Le peu d'efpoir qui nous avoit encore foutenus jufqu'alors, s'évanouit tout-à-fait ; notre bâtiment retentit des cris lamentables des matelots, qui fe faifoient leurs adieux, fe préparoient à la mort, imploroient la miféricorde du Ciel, lui adreffoient leurs prieres, & les interrompoient pour faire des vœux, malgré l'affreufe certitude où ils étoient de ne pouvoir jamais les accomplir. Quel fpectacle, mon ami! Il faut en avoir été le témoin, pour s'en former une idée, & celle que je vous trace eſt bien imparfaite & bien au-deſſous de la réalité.

Je partagois les terreurs de l'équipage. Si mon déſeſpoir éclatoit moins, il étoit égal au ſien. L'excès du malheur, l'aſſurance qu'il étoit inévitable, me rendirent un reſte de fermeté; je me ſoumis au ſort qui m'attendoit, & qu'il n'étoit pas en mon pouvoir de changer ; j'abandonnai ma vie à l'être qui me l'avoit donnée, & je conſervai aſſez de courage pour enviſager de ſang froid le moment fatal, & pour m'occuper des moyens qui pouvoient le retarder.

Ma tranquillité apparente en

imposa à l'équipage ; je lui inspirai dans ce moment affreux une espece de confiance qui le rendit docile à mes ordres. Le vent nous poussoit vers la terre : je fis gouverner avec les bras & les écoutes de misaine ; & par un bonheur inoui, & auquel nous ne devions pas nous attendre, nous arrivâmes le même soir à neuf heures à l'est de l'Isle des Chiens, & nous y fimes côte à une portée de fusil de la terre ; l'agitation de la mer ne nous permettoit pas de la gagner ; nous songeâmes à couper nos mâts pour faire un radeau qui pût nous y conduire ; pendant que nous nous occupions de cet ouvrge, la violence du vent, la force des vagues jetterent notre Brigantin

sur

sur le ctôé de bas-bord ; ce mouvement imprévu faillit à nous être funeste, nous devions tous périr & tomber dans la mer ; nous échappâmes à ce péril, & quelques-uns des Matelots que la secousse y avoit précipités, eurent le bonheur de regagner le bâtiment, & de pouvoir profiter des secours que nous leur donnâmes pour y remonter

La lune, qui jusqu'à ce moment nous avoit prêté une foible clarté, que les nuages interceptoient souvent, se cacha tout-à-coup ; privés de sa lumiere favorable, il nous fut impossible de penser à nous rendre à terre ; il fallut nous résoudre à passer la nuit sur le côté de notre vaisseau. Que cette nuit nous parut longue! Nous étions exposés à une pluie affreuse; on eût dit que le Ciel se fondoit en eau; les vagues qui s'élevoient à chaque minute couvroient notre navire, & se brisoient sur nous; le tonnerre grondoit de toutes parts; les éclairs qui brilloient par intervalles nous faisoient découvrir dans un horison immense une mer furieuse & prête à nous engloutir; les ténébres qui leur succédoient étoient plus terribles encore.

Attachés au côté de notre bâtiment, cramponnés pour ainsi dire à tout ce que nous avions pu saisir, mouillés par la pluie, transis de froid, fatigués des efforts que nous faisions pour résister à l'impétuosité des flots qui nous auroient entraînés avec eux, nous vîmes renaître le jour; il éclaira les dangers que nous avions courus, & ceux que nous courions encore; ce spectacle nous parut encore plus effrayant; nous appercevions la terre à peu de distance, & nous ne pouvions nous y rendre; l'agitation de la mer épouvantoit les plus intrépides nageurs, les ondes rouloient avec une fureur dont on a peu vu d'exemples; le malheureux qui s'y seroit exposé eût couru le risque d'être emporté en pleine mer, ou d'être écrasé contre le navire ou contre la terre. Le désespoir s'empara de nos Matelots à cet aspect, leurs cris plaintifs & lugubres redoublerent, le sifflement des vents, le bruit du tonnerre, celui qu'excitoit l'océan n'étouffoient point leur plaintes, & en s'y mêlant ils en augmentoient l'horreur.

Plusieurs heures s'écoulerent sans apporter aucun changement à notre état : un Matelot (e) qui depuis le jour n'avoit cessé de verser des larmes, & qui s'étoit montré plus foible que ses compagnons, les séche tout-à-coup, garde un profond silence pendant quelques minutes, se leve enfin avec une agitation extraordinaire.

Qu'attendons-nous, s'écria-t-il avec la fermeté du désespoir ? La mort nous environne de tout côté, elle ne tardera pas à fondre sur nous ; volons au-devant d'elle, hâtons ces coups

---

(e) Ce Matelot étoit Hollandois.

lents à nous frapper, c'eſt dans les flots que nous devons la trouver ; peut-être que ſi nous la cherchons elle nous fuira ; la terre eſt devant nous, il n'eſt pas impoſſible d'y arriver... Je vais le tenter. Si je ne réuſſis point j'avance la fin de mes jours de quelques heures, & je diminue la durée de mes malheurs.

A ces mots il ſe plonge dans la mer : pluſieurs, animés par ſon exemple, veulent le ſuivre ; je leur montre leur camarade roulé par les flots, ſe débatant inutilement contr'eux, entraîné vers le rivage qu'il touche déja, remporté par la mer, diſparoiſſant quelques minutes, & ne reparoiſſant que pour être vu écraſé contre un rocher. Ce tableau cruel les fit frémir, & leur ôta l'envie de l'imiter.

La plus grande partie du jour s'étoit écoulée, il étoit cinq heures du soir, nous songions avec terreur à la nuit que nous avions déja passée ; nous frémissions d'avance de celle qui alloit la suivre. Les mâts & les haubans que nous avions coupés la veille, avoient été emportés par les vagues; l'espoir de nous sauver dans un radeau s'étoit évanoui; nous avions un mauvais canot, mais hors d'état de faire le court trajet du navire jusqu'à terre; nous l'avions examiné à différentes reprises, & chaque fois nous avions renoncé à nous en servir. Trois Matelots, plus courageux ou plus désespérés, oserent s'embarquer sur cette frêle machine; ils y descendirent sans avertir personne de leur dessein; nous ne nous en apperçumes que lorsqu'ils se furent éloignés; nous les regardâmes comme des hommes perdus; nous fumes témoins de leurs efforts, des peines qu'ils se donnerent & des risques qu'ils coururent à chaque instant d'être submergés; ils réussirent cependant contre notre attente, & aborderent au rivage; nous enviâmes leur félicité; tous regretterent de n'avoir pas eu la même hardiesse; chacun se plaignit de n'avoir pas été prévenu de leur projet. Si l'aspect d'un heureux a jamais été terrible aux yeux d'un infortuné, ce fut dans cette occasion; les signes qu'ils nous faisoient, leurs démonstrations de joie étoient autant de coups de poignard pour nous; leur bonheur sembloit ajouter à notre infortune; ce que je vous dis ici est sans doute horrible & révolte l'humanité; ce sentiment affreux n'en est cependant pas moins dans la nature; il ne lui fait pas honneur, je l'avoue, mais il est vrai. Que ceux qui le condamneront ne nous regardent pas pour cela comme des monstres, qu'ils se mettent d'abord à notre place, & qu'ils nous jugent.

La nuit nous déroba bientôt la vue de nos compagnons qui s'étoient sauvés : contraints de rester encore sur notre bâtiment, nous comparions leur situation à la nôtre qui nous paroissoit plus mauvaife; nos fouffrances fembloient augmenter parce qu'ils ne les partageoient pas. Cette nuit fut auffi terrible que la premiere, la fatigue fut la même, & l'épuifement où nous étions de la veille nous laiffoit à peine la force de la fupporter.

Depuis que notre navire étoit fur le côté, nous n'avions pas pu pénétrer dans l'intérieur; nous n'avions pas ofé y faire des ouvertures, dans la crainte d'ouvrir de nouveau paffages à l'eau, qui en le rempliffant l'auroit eu bientôt brifé, & nous auroit privés du feul afyle où nous puffions nous repofer; nous étions en conféquence fans provifions, nous n'avions pas le pouvoir de nous en procurer, & nous avions passé tout ce temps sans boire & sans manger.

Le ciel sembloit avoir pris plaisir à rassembler sur nous toutes les infortunes; nos corps fatigués demandoient en vain du repos & des alimens pour réparer leurs forces, l'un & l'autre leur étoient refusés ; jamais nous n'avions vu la mort dans un appareil plus affreux. Notre brigantin échoué étoit retenu dans la terre par de gros rochers, les vagues lui donnoient des secousses épouvantables qui l'ébranloient, & menaçoient à chaque instant de le rompre & de nous ensévelir : heureusement pour nous il tint bon.

Le lendemain, 18 Février, nous revîmes le jour dont nous

avions désespéré de jouir encore; la mort qui nous eût délivré de nos souffrances eût été sans doute un bienfait; mais l'amour de la vie est le sentiment le plus puissant sur le cœur de l'homme; il le conserve jusqu'au dernier instant: les tourmens qu'il éprouve peuvent l'affoiblir; il est rare qu'ils l'éteignent entierement. Notre premier mouvement en nous voyant encore sur le côté du brigantin, fut de remercier le ciel de nous avoir conservés jusqu'à ce moment, & d'élever vers lui nos mains suppliantes pour le conjurer d'achever son ouvrage, & de mettre le comble à son bienfait en nous facilitant les moyens de nous rendre à terre.

Jamais priere ne fut plus ar- dente; le ciel touché parut l'exau- cer; le vent se calma un peu; l'a- gitation furieuse de la mer dimi- nua, & nous offrit un spectacle terrible encore à la vérité, mais beaucoup moins que les jours pré- cédens. Un de nos Matelots, ex- cellent nageur, après avoir exa- miné quelques temps le chemin qu'il y avoit à faire pour atteindre la terre, se détermina à risquer le passage. J'irai, nous dit-il, re- joindre mes compagnons; nous essayerons de calfater & de cintrer le canot; peut-être parviendrons- nous à le mettre en état de faire quelques voyages à bord pour vous sauver à tous la vie; il n'y a plus que cette ressource à tenter; nous ne devons pas différer; nos.

forces s'affoiblissent à chaque instant n'attendons pas qu'elles soient absolument éteintes ; employons le peu de vigueur qui nous reste encore, à nous tirer de cet horrible état.

Nous applaudîmes à son discours ; nous l'encourageâmes du mieux qu'il nous fut possible à l'éxécution de ce dessein, le seul qui pût nous être utile ; nous lui donnâmes des mouchoirs, & dix brasses de ligne qui pouvoient servir à calfater le canot ; il s'en chargea & se jetta dans la mer ; nous le vîmes plusieurs fois sur le point de périr ; nos yeux inquiets s'attachoient à tous ses mouvemens, nous le regardions comme notre unique ressource, notre unique sauveur ; nous partagions les risques qu'il couroit ; notre fort dépendoit du sien ; nous l'encouragions du geste & de la voix ; nous travaillions pour ainsi dire avec lui ; nous souffrions lorsqu'il avoit de la peine à surmonter les obstacles que lui présentoient les flots ; notre imagination, nos desirs ardens nous mettoient à sa place ; nous éprouvions ce qu'il éprouvoit ; nous triomphions des vagues ; nous cédions à leur fureur ; nous fatiguions autant que lui ; nous demandions au ciel de le secourir ; son salut devoit faire le nôtre. Enfin après avoir passé cent fois alternativement de la crainte à l'espérance, nous le vîmes gagner le rivage avec des efforts infinis. Nous tombâmes aussi-tôt à genoux pour en remercier le ciel; un rayon de joie se répandit dans nos ames & les fortifia.

Il étoit alors sept heures du matin; nous attendîmes avec impatience le moment où l'on viendroit nous chercher; nous restions continuellement tournés vers la terre; nos yeux avides s'y élançoient; ils regardoient nos quatre Matelots occupés autour du canot; ils ne perdoient aucun de leurs mouvemens autant que l'éloignement le leur permettoit; cette attention vive & soutenue sembloit adoucir notre impatience, & nous faire trouver moins long le temps de l'attente; nous hâtions leur travail par nos vœux; il avançoit cependant avec l'enteur, & nous frémissions quelquefois qu'il ne fût inutile; il fut fini à trois heures après midi; nous vîmes lancer le canot à l'eau, il s'approcha de notre bâtiment. Comment peindre la joie de l'équipage à cette vue! Elle éclatoit par des cris, par des larmes délicieuses; chacun embraſſoit ſon compagnon, & ſe félicitoit de cette faveur du ciel.

Cet attendriſſement, cette ſenſibilité mutuelle ne durerent pas, tout changea lorſqu'il fut queſtion de s'embarquer: le canot étoit petit, il ne pouvoit contenir qu'une partie de notre monde, tous ne pouvoient y entrer ſans le ſurcharger; chacun le ſentoit, mais aucun ne vouloit reſter pour un ſecond voyage;

la crainte de quelqu'accident qui pût l'empêcher de revenir, celle de rester encore exposé sur le brigantin, portoient tous les Matelots à demander à passer les premiers. Ceux qui avoient amené le canot me conjurerent d'en profiter sur le champ, en me disant qu'ils n'espéroient pas qu'il fût en état de venir deux fois : ces mots entendus de tout le monde exciterent de nouveaux gémissemens, & rendirent les sollicitations plus pressantes. Je pris aussitôt mon parti ; j'élevai la voix, & j'imposai silence à tous. Vos clameurs, vos inquiétudes, leur dis-je, sont inutiles, & ne servent qu'à suspendre notre salut ; vous périssez tous, si vous persistez à vouloir être transportés tous à la fois : écoutez la raison, soumettez-vous à ce qu'elle dicte, & espérez. Nous courons tous les mêmes risques ; les préférences seroient odieuses dans une occasion telle que celle-ci ; le malheur nous rend tous égaux, que le sort choisisse ceux qui doivent partir les premiers, soumettez-vous à sa décision ; & pour montrer à ceux de vous qu'il ne favorisera pas, que ce n'est point une raison de perdre l'espérance, je resterai avec eux, & je ne quitterai le brigantin que le dernier.

Cette résolution les étonna & les mit d'accord : un Matelot avoit par hasard des cartes dans sa poche, ce fut avec ce jeu que nous fîmes parler le sort. De onze que nous étions encore, quatre s'embarquerent avec les quatre Matelots qui avoient amené le canot ; ils arriverent heureusement à terre, & l'on revint chercher les autres ; pendant ce temps j'avois remarqué que la violence de l'eau avoit détaché en partie l'arcasse (*f*) de notre bâtiment ; à l'aide de M. Desclau & de mon Negre, je parvins à l'en séparer tout-à-fait ; ce débris me parut propre à suppléer au canot pour me conduire à terre. M. Desclau, à qui j'en parlai, en jugea comme moi. Nous y descendîmes avec mon Negre lorsque

―――――――――――――

(*f*) C'est un terme de marine, qui désigne toute la partie exterieure de la poupe d'un vaisseau.

tout le monde fut embarqué, nous suivîmes le canot, & nous abordâmes presque en même temps.

Avec quelle joie ne nous vîmes-nous pas sur la terre ! Quelles graces ne rendîmes-nous pas au ciel ! Quelle douceur nous éprouvâmes à reposer nos corps sur un plancher solide, sans crainte de le voir manquer sous nous ! Des huîtres que nous trouvâmes sur le bord d'une riviere dont l'embouchure n'étoit pas éloignée, nous fournirent un repas délicieux ; la privation de nourriture que nous avions souffert depuis le 16, donna à celle-ci l'assaisonnement le plus agréable ; nous jouîmes de notre situation présente ; nous passâmes une nuit paisible dans un sommeil profond qui répara nos forces, & qui ne fut point troublé par les inquiétudes de l'avenir. Le lendemain nous nous éveillâmes avec la même satisfaction ; mais elle ne fut pas de longue durée.

Notre Capitaine en second étoit tombé malade quelques jours après notre départ ; la fatigue du voyage, le mouvement du vaisseau, les alarmes perpétuelles dans lesquelles nous étions, avoient aggravé son mal ; à peine avoit-il eu la force de quitter son lit lorsque nous avions échoué, & je suis encore étonné qu'il ait eu celle de gagner le côté du navire lorsque les flots l'avoient couché, le temps que nous passâmes dans cette situation acheva de l'épuiſer. Lorſ-qu'il fut queſtion d'entrer dans le canot, il fut le premier nommé par le fort, & il y deſcendit ſans ſecours ; la nature ſembloit s'être ranimée en lui, mais c'étoit un effort dangereux que la crainte lui avoit fait faire, & qui raſſemblant toutes ſes forces pour un moment, les épuiſa ; il fut le ſeul de l'équipage qui paſſa une mauvaiſe nuit à terre : il eut la conſtance de ſouffrir ſans ſe plaindre, il ne voulut point nous réveiller. Lorſque le jour nous eut arrachés des bras du ſommeil, j'allai le voir, je le trouvai dans la plus grande foibleſſe ; j'appellai pour le ſecourir, tout le monde ſe raſſembla ; mais que pouvions-nous ? Ma derniere heure est venue, nous dit i', je remercie le ciel de m'avoir conservé jusqu'au moment où je vous verrois tous sauvés. Cette inquiétude ne me suit point au tombeau. O mes chers compagnons, puissiez-vous profiter des faveurs que le ciel vous accorde? Vous n'êtes peut-être pas encore à la fin de vos peines; j'aime à me persuader que vous avez passé les plus graves; je n'en partagerai plus avec vous; priez pour moi... Je meurs.

Il perdit connoissance à ces mots, & un instant après il rendit le dernier soupir. Sa perte nous arracha des larmes, & suspendit notre joie: elle nous fit faire des réflexions. Nous étions dans un lieu désert, la terre ferme n'étoit pas éloignée; mais comment nous y transporter? Nous nous empressâmes de rendre les derniers devoirs à notre second Capitaine (g). Nous l'ensevelîmes dans ses habits, & nous creusâmes sa fosse dans le sable. Après avoir terminé cette pieuse & lugubre cérémonie, nous nous promenâmes sur le bord de la mer; nous y trouvâmes nos malles, plusieurs barriques de taffia, & quantité de balots de marchandises que la mer y avoit jettés, & qui devoient y être arrivés avant nous. Ces effets, à la réserve du taffia, étoient alors d'une bien foible valeur à nos yeux; nous aurions préféré un

---

(g) Il se nommoit Dutronche.

peu de biscuit, des armes à feu pour nous défendre, pour nous procurer du gibier, & sur-tout du feu dont nous manquions, & qui auroit féché nos habits & nos membres transis par le froid & l'humidité. Ce dernier besoin étoit celui qui se faisoit sentir avec le plus de violence; notre imagination se tournant toute entiere de ce côté, ne s'exerçoit que sur les moyens de la satisfaire; nous essayâmes en vain la méthode des sauvages, en frottant deux morceaux de bois l'un contre l'autre; mais notre maladresse ne nous permit pas d'en venir à bout.

Nous renoncions enfin à l'espoir de faire du feu, lorsque je remarquai que la mer s'étoit presqu'entierement calmée ; je réfolus de faire un voyage à bord, à l'aide du canot ; fi par hafard il venoit à me manquer, le trajet n'étoit pas long, je favois nager, & les flots confidérablement abaiffés ne m'expofoient pas à un grand danger. Je tâchai d'engager un ou deux Matelots, très-bons nageurs, à m'accompagner. Ils frémirent à ma feule propofition ; ils fe reffouvenoient de ce qu'ils avoient fouffert fur le côté du brigantin ; ils trembloient de s'y revoir encore fans efpérance de revenir, fi la mer recommençoit à s'agiter. Je ne jugeai pas à propos d'infifter, je n'aurois rien gagné peut-être ; & s'ils s'étoient déterminés à me fuivre, toujours en proie à leurs craintes, tremblans à la moindre vague qu'ils auroient vu s'élever, ils ne m'auroient été d'aucun secours, & n'auroient fait que me nuire & que m'embarasser dans mon entreprise. L'idée seule de notre navire effrayoit tout le monde : on essaya de me détourner de mon projet ; je plaignis cette terreur panique, & je courus m'embarquer avec précipitation sans vouloir rien entendre, de peur que tous les avis réunis ne me rendissent aussi foible, car j'ai remarqué dans plusieurs occasions où je me suis trouvé, combien l'exemple de plusieurs peut influer sur un seul. Un brave soldat devient pusillanime avec des lâches, comme un lâche prend souvent le courage de ceux qui l'entourent.

J'arrivai heureufement au brigantin; la mer en s'abaiffant avoit laiffé une partie de l'entrée libre; j'y amarai mon canot, & je paffai dedans, non fans peine, il y avoit beaucoup d'eau, j'en eus quelquefois jufqu'à la poitrine. Je ne trouvai pas facilement ce que je cherchois, tout avoit été bouleverfé; par un hafard dont je me félicitai, je rencontrai fous ma main un petit baril, qui contenoit environ vingt-cinq livres de poudre à tirer ; il étoit placé dans un endroit où l'eau n'étoit pas montée ; le baril d'ailleurs en auroit été difficilement pénétré; c'étoit une outre autrefois employée à mettre de l'eau-de-vie qui étoit bien conditionnée, & dans laquelle M.

Lacouture avoit mis sa poudre. Je pris avec cela six fusils, plusieurs mouchoirs de pariaca, des couvertures de laine; & un sac qui pouvoit contenir trente-cinq à quarante livres de biscuit; je trouvai encore deux haches, & c'est tout ce que je pus tirer.

Je revins dans l'Isle avec ma petite cargaison; elle y fut reçue avec une joie générale. Je fis ramasser un gros tas de bois sec, dont on trouvoit une grande quantité sur la côte, & je fis aussi-tôt du feu; ce fut une douceur incroyable pour toute notre petite troupe. Nous nous occupâmes à sécher nos habits, les couvertures que j'avois apportées, & quelques-unes des hardes que nous avions trouvées dans nos malles.

J'ordonnai ensuite à quelques Matelots de prendre de l'eau de la riviere pour passer notre biscuit que la mer avoit presque entierement gâté; cette eau étoit plus salée que douce, mais elle n'étoit point amere; nous la corrigions avec du taffia, & nous nous en contentions, parce que nous n'imaginions pas que cette Isle en fournit d'autre (*m*).

Pendant que quelques-uns s'occupoient à passer notre biscuit, & à l'étendre ensuite pour le faire sécher, d'autres nettoyoient les six fusils; & les met-

---

(*m*) Nous nous trompions: l'Isle des Chiens est arrosée par un grand nombre de rivieres; mais nous ne le savions pas, & nous nous écartions peu de la côte où nous avions abordé.

toient en état de servir; ils furent bientôt prêts. J'avois dans ma malle quelques livres de plomb en grains; j'en donnai avec de la poudre à nos deux plus adroits tireurs; ils chasserent, & nous apporterent au bout d'une heure cinq ou six pieces de gibier, car il est très-abondant sur cette côte. Nous le fimes cuire, & il nous fournit un excellent souper le soir même. Nous passâmes ensuite la nuit auprès de notre feu, enveloppés dans nos couvertures qui étoient séches; nous étions chaudement, & les autres commodités nous eussent paru peu de chose en comparaison de celle-là.

Le lendemain 20 Février, nous réfléchîmes sur ce que nous avions à faire; le passage du mal-être à un état meilleur, & nos occupations de la veille ne nous avoient pas permis de songer à l'avenir ; nous nous étions estimés heureux depuis que nous avions échappé au naufrage ; nous cessâmes de l'être en pensant à ce que nous allions devenir. Nous étions dans un lieu désert, il n'y avoit aucun chemin frayé pour nous conduire à quelqu'endroit habité ; il falloit traverser des rivieres extrêmement larges, des bois épais & inaccessibles dans lesquels on risque de s'égarer à chaque pas. Les bêtes féroces étoient à craindre ; la rencontre des Sauvages n'étoit pas moins dangereuse ; nous ignorions s'il n'y en avoit pas actuellement dans notre Isle ; nous savions que ceux qui habitent la côte des Appalaches, abandonnent leurs villages pendant l'hiver, se rendent dans les Isles voisines où ils chassent jusqu'au mois d'Avril, qu'ils retournent sur la terre ferme, avec les dépouilles des animaux qu'ils ont tués, & vont les troquer avec les Européens, contre les armes, la poudre & l'eau-de-vie, dont ils ont besoin. Il se pouvoit faire que nous fussions surpris par un parti considérable de ces Sauvages, au moment où nous nous y attendrions le moins; qu'ils ne nous arrachassent la vie pour s'approprier les misérables effets qui nous restoient encore: nous craignîmes aussi que les barriques de taffia qui étoient sur la côte ne tombassent entre leurs mains. Ces

C v.

barbares qui aiment cette liqueur auroient pu s'enivrer, nous rencontrer dans cet état où il est impossible de leur faire entendre raison ; & nous massacrer sans pitié. Nous ne balançâmes pas à prévenir ce péril en défonçant toutes ces barriques ; nous n'en conservâmes que trois ; nous les cachâmes dans un bois ; & pour plus grande sûreté, nous les enterrâmes dans le sable.

Nous demeurâmes ce jour entier & le suivant dans les inquiétudes que ne pouvoient manquer de nous inspirer ces réflexions. Nous tremblions à chaque instant d'être attaqués par les Sauvages ; nous n'osions plus nous écarter les uns des autres ; le jour & la nuit nous veillions alternativement, regardant de tous côtés, dans la crainte d'être surpris. Quelques-uns qui se défioient de la vigilance de celui qui faisoit sentinelle, interrompoient leur repos pour veiller en même temps. Je n'ai jamais vu rassemblés sur un si petit nombre d'hommes, tant de malheurs & tant de timidité.

Le 22 Février au matin, presque toute notre troupe fatiguée de la veille de la nuit, s'étoit enfin laissé surprendre au sommeil. Tout-à-coup, deux Matelots que la crainte tenoit encore les yeux ouverts, s'écrient d'un ton lamentable: *Alerte, voici des Sauvages, nous sommes perdus*. Tous se levent à ce mot, & sans songer à prendre d'autres informations, se préparent à fuir. Je réussis enfin à les arrêter; je les force à régarder ces Sauvages qu'on nous annonçoit; ils étoient au nombre de cinq, deux hommes, trois femmes, tous armés d'un fusil & d'un casse-tête. Que craignez-vous, leur dis-je? Cette troupe est-elle si redoutable? N'est-elle pas inférieure à la nôtre? Nous sommes en état de leur faire la loi, s'ils ne viennent pas avec des intentions pacifiques? attendons-les, ils peuvent nous servir & nous aider à sortir de ce lieu.

Mes compagnons rougirent de leur terreur, ils s'assirent tranquillement auprès de leur feu. Les Sauvages arriverent; nous les reçûmes avec de grandes démonstrations d'amitié; ils y répondirent par de pareilles. Nous leur fimes préfent de quelques-unes de nos hardes, & de quelques taſſes de taffia qu'ils burent avec plaiſir. Celui qui étoit à leur tête parloit un peu eſpagnol, un de nos Matelots qui entendoit cette langue, lia converſation avec lui, & nous ſervit d'interprête.

Nous apprîmes du Sauvage qu'il s'appelloit Antonio, & qu'il étoit de Saint-Marc des Appalaches; il étoit venu hiverner dans une Iſle éloignée de trois lieues de celle où nous étions. Quelques débris de notre naufrage, que la mer avoit entraînés ſur la côte où il s'étoit établi, l'avoient engagé à venir dans l'Iſle aux Chiens. Il avoit avec lui ſa famille, compoſée de ſa mere, de ſa femme, de sa sœur & de son neveu. Nous lui demandâmes s'il vouloit nous conduire à Saint-Marc des Appalaches, en l'assurant qu'il seroit content de nous. Il se retira à l'écart à cette proposition; il parla pendant près d'une heure avec sa famille, nous remarquâmes que durant ce temps il porta souvent les yeux sur nos armes, sur nos malles, nos couvertures & nos autres effets. Nous ne savions que penser de cette conférence: nous conçûmes quelques soupçons contre lui; mais l'air ouvert avec lequel il nous revint trouver, & l'offre qu'il nous fit de venir nous prendre incessamment, les dissipa; il nous dit que nous n'étions qu'à dix lieues de Saint-Marc des Appalaches, & il nous trompoit, car il y en avoit vingt-six; mais nous l'ignorions : peut-être que si nous eussions été plus instruits, ce petit défaut de bonne foi nous auroit fait tenir sur nos gardes.

Antonio repartit avec nos présens; trois de nos Matelots ne firent point de difficulté de s'en aller avec lui; il promit de revenir le lendemain avec sa pirogue. Il tint effectivement parole; nous le vîmes le 23 ; il nous apporta une outarde & la moitié d'un chevreuil. Comme il étoit arrivé tard, nous ne nous embarquâmes point ce jour-là. Le 24 nous chargeâmes une partie de nos effets, & nous partîmes au nombre de six, parce que la pirogue n'en pouvoit contenir davantage. Ceux qui resterent derriere nous, exigerent que je m'en allasse le premier ; bien assurés, disoient-ils, que je ne les oublirois pas, & que si le Sauvage refusoit de les venir prendre, je saurois l'y forcer.

Antonio nous débarqua dans l'autre Isle, où nous trouvâmes nos trois compagnons, qui l'avant-veille avoient pris les devans. Je n'eus rien de plus pressé à mon arrivée, que de répondre à la confiance qu'avoient en moi les cinq Matelots que nous avions laissés dans l'Isle aux Chiens : je conjurai notre hôte de les amener avec le reste de nos effets ; mais je ne pus le déterminer à entreprendre tout de suite ce voyage ; il vouloit, disoit-il, nous conduire auparavant en terre ferme. Je n'y confentis point; fon opiniâtreté me devint fufpecte, & je le forçai de céder à la mienne. Après deux jours entiers de follicitarions, j'obtins qu'il fe mit en route, & le 28 Février nous nous trouvâmes tous réunis; ce fut une confolation pour nous: dès que nous n'étions pas enfemble, il fembloit qu'il nous manquoit quelque chofe, nous nous regardions comme des freres, nous nous prêtions mutuellement des fecours & de l'appui; la diftinction des états avoit difparu, le Capitaine & le Matelot étoient amis & égaux: rien de plus tendre que les liaifons formées par le malheur! Nous étions quatorze, nous ne formions tous qu'une famille.

Dès que tout notre monde fut rassemblé, je sommai le Sauvage de tenir sa promesse, & de nous conduire enfin en terre ferme; mais l'ardeur qu'il avoit d'abord montrée s'étoit beaucoup ralentie; il nous fuyoit pour éviter nos sollicitations. Tout le jour il alloit chasser avec sa famille, & le soir il ne paroissoit point dans sa cabanne qu'il nous avoit abandonnée, & que nous habitions; nous ne savions que penser de sa conduite. Que vouloit-il faire de nous? Epioit-il le moment de s'emparer de nos effets & de nous quitter? Ce soupçon nous excita à la vigilance, & nous la fimes si exacte, qu'il lui fut impossible de nous voler. Quelques-uns de nos compagnons, las de ses délais, proposerent un parti violent, mais qui nous auroit épargné peut-être bien des malheurs : c'étoit de tuer les cinq Sauvages, & de nous emparer de leur pirogue, pour tenter d'arriver aux Appalaches. Je les détournai de ce dessein, dont les conséquences me parurent très-dangereuses; il étoit à craindre que les Sauvages de leur nation ne fussent instruits de leur mort, & ne voulussent la venger ; aucun de nous ne connoissoit ces Isles & ces mers; comment aurions-nous trouvé la terre ferme ? Le hasard seul pouvoit nous y conduire. Mais est-il prudent de s'embarquer sans autre espérance que celle qui est fondée sur le hasard ?

Nous demeurâmes cinq jours

dans cette Isle, vivant de notre pêche & de notre chasse, économisant notre biscuit dans la crainte de le voir manquer, & nous bornant à une once par jour. Enfin à force de chercher Antonio, nous le rencontrâmes, nous parvinmes à le gagner par nos prieres & par quelques présens; il consentit à nous mener. Notre troupe se divisa encore, & le 5 Mars nous chargeâmes dans la pirogue la meilleure partie de nos effets: nous nous y embarquâmes au nombre de six; savoir, M. Lacouture, sa femme, son fils âgé de quinze ans, & qui par un prodige inconcevable avoit résisté, ainsi que sa mere, à toutes nos traverses, M. Desclau & moi. J'emmenai aussi mon Negre qui faisoit le sixiéme. Antonio & sa femme vinrent avec nous; les trois autres Sauvages resterent avec nos huit Matelots, dont nous ne nous séparâmes pas sans verser bien des larmes. Nous éprouvâmes, les uns & les autres, un serrement de cœur, un saisissement qui sembloit nous annoncer que nous nous faisions nos derniers adieux, & que nous ne nous verrions plus.

Ce voyage si ardemment desiré, obtenu avec tant de peine, devoit nous être plus funeste que celui où nous avions fait naufrage. Nous avions déja essuyé bien des infortunes, de nouvelles nous attendoient. C'est ici, mon ami, que j'ai eu le plus besoin de ma fermeté, & qu'elle m'a abandonné plusieurs fois. Vous trouverez dans ce que je vais vous raconter, des malheurs extraordinaires, & ces événemens horribles que je vous ai annoncés, & dont le souvenir seul me fait frémir encore.

Antonio nous avoit assuré que notre voyage ne dureroit pas plus de deux jours; nous avions fait nos provisions en conséquence. La crainte des événemens nous avoit cependant fait prendre les vivres pour quatre jours; ils consistoient en 6 à 7 livres de biscuit, & plusieurs quartiers d'ours & de chevreuils boucannés. Cette précaution étoit raisonnable, mais elle ne fut pas suffisante; notre route devoit être plus longue, & nous nous en apperçûmes dès le premier jour. Antonio s'arrêta après trois lieues, & nous descendit dans une Isle, où il nous força de demeurer jusqu'au l'endemain, que nous ne fimes pas un chemin plus considérable. Je remarquai qu'au lieu de nous passer du côté de la grande terre, il s'amusoit à nous promener d'Isles en Isles (*n*). Cela me donna des inquiétudes, & augmenta la défiance que sa conduite m'inspiroit. Six jours s'écoulerent dans ces petites traversées; nos provi-

---

(*n*) Ces Isles ne me sont pas bien connues; lorsqu'on les voit de la pleine mer, on diroit qu'elles font partie de la terre ferme; mais elles en sont séparées par un canal d'environ deux lieues. Je suis descendu sur quatre de ces Isles; elles sont fort basses & fort sablonneuses.

fions étoient épuifées; nous n'avions plus d'autre nourriture que les huîtres que nous rencontrions fur le rivage, & quelque peu de gibier que le Sauvage nous donnoit quelquefois.

Les jours fuivans ne changerent rien à la maniere dont Antonio nous faifoit voyager. Nous partions à huit ou dix heures du matin, il nous contraignoit de nous arrêter à midi jufqu'au lendemain; fouvent nous faifions nos haltes dans des lieux défagréables où nous ne trouvions rien à manger, & où l'eau nous manquoit auffi.

Il y avoit fept jours que nous étions en route; la terre ferme, cet objet de tous nos defirs, le but de notre voyage, ne paroiffoit point;

point; nous étions accablés de fatigue, épuisés par la mauvaise nourriture que nous prenions en très-petite quantité; nous étions déja sans forces, & presque incapables de pouvoir ramer. Cet état cruel fit sur moi une impression qu'il n'avoit pas encore fait; l'excès du malheur échauffa mon sang, aigrit mon caractere; je ne vis dans Antonio qu'un scélérat adroit qui vouloit abuser de notre infortune, & nous faire périr insensiblement. Ces réflexions m'agitoient au milieu de la nuit, & me tenoient réveillé auprès d'un grand feu que nous avions allumé, & autour duquel dormoient mes compagnons. J'appellai M. Desclau & M. Lacouture; je leur fis part des idées sinistres qui m'occupoient ; je leur fis sentir ce que nous devions attendre de ce perfide Sauvage ; ce qu'il avoit fait déja juſtifioit ma défiance. Je leur dis nettement qu'il en vouloit à nos jours, & que c'étoit fait de nous ſi nous ne le prévenions pas. Je ne conçois pas comment je pus inſiſter avec tant de chaleur ſur la néceſſité de tuer Antonio ; c'étoit moi qui dans l'Iſle avois empêché nos Matelots de s'en défaire. Je ne ſuis pas né barbare ; mais l'infortune m'avoit rendu féroce, capable de méditer un meurtre & de l'exécuter ; la circonſtance où j'étois me ſervoit d'excuſe, & ce qui arriva enſuite, acheva de juſtifier ma réſolution à mes yeux.

M. Deſclau & M. Lacouture

jugerent différemment de ce deſſein ; ils me rappellerent les mêmes raiſonnemens dont je m'étois ſervi pour en détourner nos Matelots. Ils ne me perſuaderent pas ; mais je cédai à leurs repréſentations ; je paſſai le reſte de la nuit avec eux ſans rien entreprendre.

Le lendemain 12 Mars, nous fimes encore deux lieues, & nous deſcendîmes à l'ordinaire dans une Iſle, abattus par la miſere, preſſés du beſoin de dormir. Nous prîmes chacun une couverture dans laquelle nous nous enveloppâmes ſuivant notre uſage, & nous nous couchâmes autour d'un grand feu. Le ſommeil nous gagna, & nous nous y livrâmes avec joie, parce que c'étoit autant de temps de diminué fur notre infortune : mais le mien ne fut pas long ; mes inquiétudes me reprirent avec plus de force ; l'agitation de mon fang écarta loin de moi le repos ; les idées les plus funeftes fe préfenterent à mon imagination. Je ne fais fi l'on doit croire aux preffentimens : c'eft une chimere peut-être que la philofophie a détruite avec bien d'autres préjugés. Je n'entreprendrai pas de differter fur ce fujet ; je dirai fimplement ce que j'ai éprouvé. Je crus me voir fur le bord de la mer, où j'apperçus le Sauvage avec fa femme gagnant le large avec fa pirogue. Mon imagination étoit fi fortement frappée de cet objet, que je croyois l'avoir devant les yeux ; il méchappa un cri perçant qui réveilla mes compagnons; ils me tirerent, en m'interrogeant, de l'espece d'extase dans laquelle j'étois. Je leur dis ce qui m'occupoit; ils se moquerent de mes terreurs. Leurs discours, leurs railleries me firent croire qu'en effet j'avois rêvé; j'étois trop éloigné du rivage pour pouvoir facilement y voir ce que j'imaginois avoir vu. Je finis par rire comme les autres de ce qui venoit de se passer. Ils ne tarderent pas à se rendormir : moi-même je me laissai aller à un sommeil profond, & ce ne fut qu'à minuit que je me réveillai en sursaut, avec la même idée dont je m'étois moqué quelques heures auparavant.

Mes inquiétudes furent alors

plus vives; je ne pus résister à l'envie d'aller voir ce qui se passoit sur le bord de la mer. Je me leve seul, sans rien dire, sans réveiller personne; je marche d'un pas chancelant sur le rivage; le ciel étoit serein; la lune répandoit une clarté vive que rien n'interceptoit; elle aide mes yeux, je les porte vers l'endroit où devoit être la pirogue; je ne l'apperçois plus; je cherche, je regarde de tous côtés..... Elle étoit disparue. J'appelle le Sauvage : personne ne répond. Mes compagnons éveillés par mes cris, accourent sur le bord de la mer; je n'ai pas besoin de les informer de ce qui se passe; ils poussent des plaintes douloureuses; ils gémissent d'avoir retenu mon bras, lorſque j'allois la veille prévenir les deſſeins du perfide : mais de quoi ſervent les regrets, lorſque le mal eſt fait, & qu'il eſt irréparable ?

Nous voilà donc une ſeconde fois ſeuls dans une Iſle déſerte, ſans ſecours, ſans alimens, ſans armes, ſans moyens pour nous en procurer. Nous n'avions que les vêtemens qui étoient ſur nos corps & nos couvertures ; nos fuſils nos effets étoient dans la pirogue ; nos épées même que nous emportions ordinairement avec nous, y étoient reſtées ce jour-là. Toutes nos armes offenſives & défenſives conſiſtoient dans un mauvais couteau qui ſe trouva par haſard dans ma poche, & j'étois le ſeul de la troupe qui en eût un. L'Isle ne produisoit aucune racine, aucun fruit que nous puissions manger ; la mer n'y jettoit aucun coquillage. Quelle situation affreuse ! Quelle espérance nous restoit-il ? Et comment se soutenir par le courage avec tant de raison de le perdre ?

Dès que le jour commença à paroître, nous ramassâmes nos couvertures, qui étoient l'unique bien qui nous restoit ; nous nous rendîmes sur le rivage, dans l'espérance incertaine d'y trouver quelques huîtres pour soulager notre faim. Nos recherches furent inutiles ; nous marchâmes pendant près de deux heures sans appercevoir le moindre aliment, ni même une goutte d'eau potable.

Nous arrivâmes enfin au bout de cette Isle stérile; de-là, nous en découvrîmes une autre qui n'étoit séparée de celle où nous étions que par un trajet d'eau d'un demi-quart de lieue, nous y avions passé un jour & une nuit avec le Sauvage. Je me rappellai que nous y avions trouvé d'excellens coquillages & de la bonne eau. Combien nous regrettâmes de n'avoir pas été plutôt abandonnés sur celle-là ! Nous y aurions du moins vécu. Cette réflexion ajoutoit à notre douleur. Nous nous assîmes sur le sable, en contemplant d'un œil avide cette Isle desirée & en gémissant de la stérilité de la nôtre.

Après nous être reposés quelque tems, nous sentant pressés

par la faim, nous délibérâmes s'il falloit hasarder de traverser le bras de mer qui séparoit les deux Isles : nous devions nous attendre à mourir, si nous ne le tentions pas. Personne n'hésita ; mais lorsque nous allions l'entreprendre, nous fûmes arrêtés par une réflexion qui ne s'étoit pas encore présentée. Nous avions avec nous Madame Lacouture & son fils : comment pourroient-ils nous suivre ? Ce passage n'étonnoit pas des hommes accoutumés à l'eau ; mais comment une femme & un enfant l'entreprendroient-ils sans danger ? Nous voyions déja M. Lacouture inquiet mesurant des yeux le canal, & songeant au moyen de conduire sûrement deux person nes qui lui étoient si cheres. L'humanité ne nous permettoit pas de les laisser derriere nous. Nous offrîmes de nous relayer successivement pour leur donner la main à tous les deux, tandis que mon Negre qui étoit le plus petit de la troupe, marcheroit devant, sonderoit le terrein, & nous avertiroit des endroits où il ne seroit pas uni.

Je pris la main de Madame Lacouture. M. Desclau prit celle du jeune homme: le mari fit deux paquets de nos couvertures & d'une partie de nos habits que nous quittâmes, en chargea un sur la tête de mon Negre, garda l'autre, & nous nous mîmes en route. Heureusement le fond étoit assez solide & assez égal; l'eau,

D vj

dans fa plus grande profondeur, ne nous alloit que jufqu'à l'eftomac. Nous marchâmes avec lenteur, & nous arrivâmes à l'autre bord. Madame Lacouture, pendant cette traverfée pénible, montra un courage & une vigueur qui me furprirent; elle les conferva dans toutes les circonftances, & on ne peut pas dire que fa compagnie fût inutile ni embarraffante.

Parvenus enfin à cette Ifle où nous efpérions trouver des alimens, nous éprouvâmes une autre incommodité qui penfa nous être funefte. Nous avions paffé une heure & demie dans l'eau; le froid nous faifit auffi-tôt que nous en fûmes fortis; il nous étoit impoffible de faire du feu pour nous sécher & pour nous réchauffer ; nous n'avions aucun instrument pour cela. Il n'y avoit pas une seule pierre dans cette Isle, ni dans toutes celles où nous nous étions arrêtés.

Nous sentîmes vivement la privation du feu; c'est en nous donnant du mouvement, en nous agitant sans cesse, que nous parvinmes à nous échauffer; nous marchâmes pour cet effet pendant quelques heures, en cherchant des huîtres que nous dévorions à mesure que nous en rencontrions. Dès que nous fûmes rassasiés, nous en fimes une petite provision que nous portâmes auprès d'une source d'eau douce où nous nous établîmes. Nous nous y reposâmes. Le soleil qui étoit fort chaud, nous permit de rester quelque temps assis sans souffrir du froid que nous craignions d'éprouver; il sécha nos habits mouillés, sans quoi leur humidité nous auroit prodigieusement incommodés pendant la nuit. Cela n'empêcha pas que nous ne la passassions d'une maniere très-désagréable; le froid nous réveilla plusieurs fois, & nous n'eûmes pas d'autre parti à prendre pour l'éloigner, que celui de nous lever & de nous promener.

Le lendemain il fit un vent de sud & de sud-est, qui contribua à nous échauffer : nous allâmes chercher des coquillages vers le bord de la mer; elle n'étoit point baissée, & nous n'en trouvâmes point ; nous fûmes forcés de nous en tenir à ceux que nous avions amaffés la veille : nous eûmes occafion de remarquer que lorfque le vent venoit du même côté, la mer ne fe retiroit point, & qu'il falloit fe précautionner d'avance pour des provifions, & les faire toujours avant l'heure de la marée. Nous n'acquîmes cette connoiffance qu'à nos dépens, après avoir refté quelquefois fans vivres ; nous étions obligés de chercher parmi les herbes & les racines, celles que nous croyions pouvoir fuppléer aux coquillages : nous ne pûmes faire ufage que d'une plante qu'on appelle la petite vinette, & qui eft une efpece d'ofeille fauvage.

Je ne m'arrêterai pas sur ce que nous fîmes pendant les dix premiers jours qui s'écoulerent depuis celui où Antonio nous avoit abandonnés. Nous eûmes beaucoup à souffrir du froid pendant la fraîcheur des nuits, & quelquefois de la faim ; nous passions les journées entieres à chercher de quoi fournir à notre subsistance, à pleurer sur nos infortunes, & à demander au ciel de daigner y mettre un terme. Notre état étoit toujours le même, & nos peines, nos plaintes, nos inquiétudes ne vous présenteroient que des détails monotones sur lesquels il est inutile de m'appésantir.

Le 22 Mars ou environ, car je ne puis vous répondre de

l'exactitude des dates qui vont suivre, pendant que nous continuions nos gémissemens ordinaires, & que nous rêvions aux moyens de quitter ce triste séjour, nous nous rappellâmes que dans une Isle voisine, où notre Sauvage nous avoit menés, il y avoit une vieille pirogue qu'on avoit abandonnée sur la côte. Nous imaginâmes qu'il ne seroit peut-être pas impossible de la racommoder & de nous en servir pour traverser le bras de mer qui nous séparoit de la terre ferme. Cette idée nous séduisit; l'espoir qu'elle nous inspira pouvoit être chimérique, mais nous nous y livrâmes avec autant d'ardeur que si nous eussions été certains de sa réalité. Les malheureux ne sont pas difficiles en efpérances ; ils ne voyent dans tous les projets qu'ils font que le terme de leurs maux : c'eft à ce point que fe terminent toutes leurs combinaifons. Les circonftances qui peuvent les empêcher d'y arriver, les obftacles inévitables qu'ils trouveront fouvent devant eux, ne fe préfentent que foiblement à leur imagination ; leur efprit les rejette avec effroi, & refufe de les examiner, de peur qu'ils ne lui faffent perdre l'idée flatteufe qui les confole.

Nous raifonnâmes donc, M. Defclau, M. Lacouture & moi, fur les moyens de nous rendre auprès de cette vieille pirogue. Nous nous orientâmes du mieux que nous pûmes ; nous évaluâmes le chemin que nous aurions à faire pour arriver à cette Isle; nous conjecturâmes que nous n'en étions qu'à quatre ou cinq lieues, & effectivement nous ne nous trompions pas. Nous ne nous dissimulâmes point les difficultés que nous rencontrerions dans ce voyage; nous nous attendîmes à trouver des rivieres & un bras de mer à traverser; mais cela ne nous rebuta point. Nous resolûmes de tenter l'entreprise, sûrs de l'exécuter pourvu qu'elle fût possible. Dès le même jour nous nous mîmes en marche; nous ne voulûmes point conduire avec nous Madame Lacouture & son fils : l'un & l'autre n'auroient fait que nous retarder; ils ne pouvoient supporter comme nous la peine & la fatigue; nous aurions été obligés peut-être de les laisser derriere nous sur le bord de quelque riviere où nous n'aurions pas trouvé de gué, & qu'il auroit fallu absolument passer à la nage. Madame Lacouture sentit ces raisons; elle consentit à nous attendre avec son fils; je leur laissai mon Negre pour les servir, & nous partîmes après leur avoir promis de revenir incessamment avec la pirogue, si nous la raccommodions, & sans elle, si elle ne pouvoit nous être utile, ou si nous ne pouvions la trouver.

Le projet que nous avions formé étoit notre unique espoir & notre seule ressource, nous nous en entretinmes pendant notre route; nous en parlions comme d'une chose dont l'exécution étoit sûre ; cela ranimoit notre courage, nous donnoit une nouvelle vigueur, & nous faisoit trouver le chemin moins long. Dans tous les états de la vie, dans toutes les circonstances, les hommes se bercent de chimeres : on en voit quitter les plaisirs réels dont ils jouissent, pour en imaginer de nouveaux & s'amuser de l'illusion : c'est pour les infortunés qu'elle est réellement un bonheur ; tant qu'elle les occupe, le sentiment de leurs peines les affectent moins vivement, ils les oublient pour ainsi dire.

Nous arrivâmes enfin, après trois heures & demie de marche, à l'extrémité de notre Isle. Nous n'avions point rencontré de rivieres assez larges pour nous arrêter longtemps ; celles que nous vîmes n'auroient passé que pour de foibles ruisseaux en Europe ; il ne nous fut pas difficile de les traverser. Nous trouvâmes au bout de l'Isle une espece de canal d'un quart de lieue, qui nous séparoit de celle où nous dirigions nos pas : cette étendue d'eau à traverser nous causa quelque effroi ; nous la mesurions des yeux avec une certaine inquiétude ; le desir de nous procurer une voiture, l'ardeur avec laquelle nous nous occupions à sortir de notre misere, soutinrent notre résolution. Nous nous assîmes pendant une heure pour nous reposer ; nous avions besoin de toutes nos forces pour réussir dans le trajet que nous allions entreprendre ; nous ignorions si le canal seroit par-tout guéable ; nous tremblions qu'il ne le fût pas, & que l'espace que nous aurions à traverser à la nage, ne fût trop considérable pour nos forces ; cette idée nous retint encore en suspens pendant une demi-heure ; enfin nous résolûmes de tout risquer. Avant d'entrer dans l'eau, nous nous jettâmes à genoux ; nous adressâmes au ciel une priere courte, mais fervente, dans laquelle nous lui demandions son appui : des infortunes aussi longues que les nôtres, les périls sans cesse renaissans auxquels nous étions exposés, nous avoient fait sentir plus que jamais le besoin d'un secours surnaturel, & la nécessité de recourir à Dieu. Après avoir rempli ce devoir, nous nous jettâmes dans l'eau, en nous confiant à la Providence; ce fut elle qui nous soutint & qui nous empêcha de périr dans cette traversée.

Le terrein sur lequel nous marchions étoit très-inégal; nous ne faisions pour ainsi dire que monter & descendre : nous n'étions pas à cent pas du bord, que nous perdîmes tout-à-coup le gué; nous plongeâmes malgré nous; ce contre-temps nous étourdit, il nous fit presque prendre la résolution de revenir sur nos pas : nous avancions cependant à la nage; nous trouvâmes bientôt le fond, & nous nous apperçûmes que ce qui nous avoit si fort effrayés,

frayés, étoit un trou dans lequel nous étions tombés, & que nous aurions évité si nous nous étions écartés de dix ou douze pas. Nous finîmes notre route sans accident, trouvant tantôt plus d'eau, tantôt moins, & en ayant quelquefois jusqu'au menton.

Nous n'en pouvions plus lorsque nous arrivâmes à l'autre bord; nous fûmes contraints de nous jetter par terre, & de nous y reposer en attendant que nous eussions repris assez de forces pour pouvoir aller plus loin. Le tems, heureusement pour nous, étoit très-serein, aucun nuage ne cachoit le soleil; ses rayons qui dardoient à plomb sur nous, nous garantirent du froid, dont nous n'aurions pu nous défendre sans

E

re secours, & sécherent nos habits & nos couvertures que nous avions apportées avec nous.

Dès que nous nous fûmes reposés pendant quelque temps, nous ramassâmes des coquillages que le hasard nous présenta, & qui réparerent nos forces. Nous rencontrâmes à peu de distance une espece de puits, dans lequel nous trouvâmes de l'eau douce qui nous servit à nous désaltérer. Nous marchâmes ensuite vers la côte où devoit être la pirogue; nous ne tardâmes pas à la découvrir; personne ne pouvoit nous en disputer la possession. Nous l'examinâmes en arrivant d'un œil avide & curieux; elle étoit dans l'état le plus déplorable. Au premier aspect, il nous parut impossible de la rendre jamais capable de quelque usage. Nous ne nous en tinmes cependant pas à ce premier examen; il eut été affreux pour nous d'avoir fait un voyage aussi pénible & aussi long dans cette espérance, pour la voir ensuite trompée. Nous la retournâmes de tous les côtés, nous en sondâmes toutes les parties, & je reconnus que tous nos efforts seroient inutiles. M. Desclau & M. Lacouture n'en jugerent pas comme moi; je me rendis à leur raisonnement : après tout, il n'y avoit aucun risque à essayer de la racommoder ; ce ne seroit que du temps & de la peine perdus. Nous étions accoutumés à la peine ; & quant au temps, à quelle autre chose pouvions-nous l'employer ? Cette occupation pouvoit d'ailleurs nous diſtraire, nourrir un foible reſte d'eſpérance, & tout cela étoit précieux dans une ſituation auſſi fâcheuſe que la nôtre.

Nous nous mîmes ſur le champ à cet ouvrage; nous ramaſſâmes des gaules & une certaine herbe qui croît au haut des arbres, & que l'on appelle *Barbe eſpagnolle*: c'étoient les matériaux que nous devions employer pour radouber notre frêle bâtiment. Ce ſoin nous occupa le reſte de la journée: nous fûmes enfin obligés de quitter ce travail de bonne heure pour chercher des alimens, & heureuſememt nous n'en manquâmes pas.

Le ſoleil venoit de ſe coucher;

un vent frais commençoit à s'élever, & nous menaçoit d'une nuit qui seroit très-froide Chaque fois que nous nous trouvions dans ces circonstances, nous pleurions amérement l'impuissance où nous étions de faire du feu : la découverte du moindre caillou auroit été pour nous le trésor le plus précieux; mais j'ai déja dit qu'on n'en voyoit aucun dans ces Isles. Dans ce moment je me rappellai que le Sauvage qui nous avoit si cruellement trahis, avoit changé la pierre de son fusil le jour qu'il nous avoit fait faire halte dans cette Isle. Ce souvenir fut un trait de lumiere qui ramena un léger espoir dans mon ame. Je me leve avec une précipitation qui surprend mes deux camarades;

je les quitte fans leur dire où je vais; je cours avec précipitation vers le lieu où Antonio nous avoit débarqués : il n'étoit pas éloigné. J'y arrive, je reconnois la place où nous avions paffé la nuit : on y voyoit encore les reftes des cendres du feu que nous y avions allumé. Je parcours lentement les endroits voifins ; je cherche avec attention le lieu où le Sauvage avoit changé fa pierre & jetté la mauvaife; il n'y a pas un coin que je n'examine avec l'attention la plus fcrupuleufe, pas un brin d'herbe que je ne fouleve pour voir fi elle ne me cache point cette pierre fi précieufe : pendant un gros quart d'heure je fais des recherches vaines : la nuit approche; je ne jouis plus que d'un foible crépuscule, à l'aide duquel je discerne à peine les objets. Je renonçois déja à mon espérance, & je me disposois à rejoindre mes compagnons, plus triste & plus affligé que je ne l'étois en les quittant, lorsque je sens sous mes pieds nuds, car j'avois quitté mes soulliers qui ne pouvoient plus être d'aucun usage, je sens, dis-je, un corps dur ; je m'arrête avec un secret frémissement, partagé entre la crainte & l'espérance : je me baisse, je porte une main tremblante sous mon pied que je n'avois osé déranger, de peur de perdre le corps qu'il couvroit ; je le saisis : c'étoit en effet la pierre à fusil que je cherchois ; je la reconnois avec une joie qu'il me feroit difficile de vous exprimer, & qui vous surprendra sans doute, ainsi que ceux qui n'ont pas été dans ma situation, & qui dans cette vieille pierre ne verront qu'un misérable caillou. O mon ami ! puissiez-vous ignorer toujours ce que c'est que le besoin, le malheur qui empêche de le satisfaire, & quelle importance & quel prix ils attachent aux choses les plus viles à nos yeux.

Transporté de joie, je courus à mes compagnons : bonne nouvelle, m'écriai-je de fort loin, & avant même qu'ils pussent m'entendre : je l'ai trouvée, je l'ai trouvée. Ils accoururent à mes cris, & m'en demanderent la cause. Je leur montrai ma pierre à fusil ; je leur dis de cueillir du bois sec ; je tirai mon couteau, le seul instrument de fer que nous possédions ; je déchirai mes manchettes qui me servirent d'amadou, & je parvins à allumer un grand feu qui nous défendit contre la fraîcheur de la nuit, & reposa en les échauffant nos membres fatigués. Que cette nuit nous parut délicieuse en comparaison de celles que nous avions passées précédemment ? Avec quelle volupté nous nous étendîmes autour de notre feu ! Que notre sommeil fut long & paisible ! Les rayons du soleil en tombant sur nous à son lever, occasionnerent seuls notre réveil.

Il est inutile de vous dire avec quel soin je serrai cette pierre véritablement précieuse; la crainte de la perdre & d'être privé de ce secours, nous garantit des précautions que je pris; je n'en négligeai aucune : je ne voulus jamais m'en séparer; elle resta enveloppée dans deux mouchoirs que j'attachai à mon cou, & encore ne pus-je m'empêcher plusieurs fois d'interrompre mon ouvrage pour y porter la main, & tâter si elle y étoit encore.

Nous passâmes le second jour de notre arrivée dans cette Isle à continuer nos travaux pour réparer la pirogue; nous la cintrâmes avec une de nos couvertures que nous sacrifiâmes à cet objet : nous achevâmes notre ouvrage au moment où le jour finissoit, & nous passâmes une seconde nuit avec l'espoir de ne pas voir notre peine inutile : le desir d'en faire l'épreuve nous éveilla de bonne heure : nous n'eûmes rien de plus pressé que de mettre notre pirogue à l'eau; tout ce que nous avions fait ne l'avoit pas rendue meilleure ; il étoit impossible de s'y exposer sans danger. M. Lacouture jugea encore qu'on la remettroit peut-être en état, en employant deux autres couvertures. Il se proposa de la conduire dans l'Isle où nous avions laissé sa femme & son fils. M. Desclau & moi, nous songeâmes à chercher les moyens de rejoindre celle du Sauvage où étoient nos huit Matelots dans l'espérance d'y retrouver Antonio, & de le forcer à nous mener aux Appalaches, ou à nous ôter la vie. Nous promîmes à M. Lacouture de ne point l'abandonner si nous réussissions, & de lui envoyer des secours prompts, ou de le rejoindre si nous ne venions pas à bout de notre dessein. Nous lui fîmes nos adieux, & nous gagnâmes l'autre extrêmité de l'Isle ; mais nous ne fîmes encore que nous fatiguer inutilement par ce voyage : nous n'apperçûmes aucun passage qu'il fût possible & même prudent de tenter. Un canal d'une lieue nous retenoit loin de l'Isle d'Antonio : un pareil trajet n'étoit point praticable à deux hommes seuls, qui n'avoient d'autre secours que celui qu'ils pouvoient tirer de leurs bras & de leurs jambes.

Nous revînmes sur nos pas ; nous ne trouvâmes plus M. Lacouture sur la côte où nous l'avions laissé ; il en étoit déja parti avec sa pirogue pour se rendre auprès de sa femme ; il avoit côtoyé le rivage, & nous reprîmes le chemin que nous avions fait lorsque nous étions venus. Nous n'arrivâmes que sur le soir au bord du canal qui nous restoit à traverser : nous attendîmes le lendemain pour entreprendre ce passage : notre lassitude ne nous auroit sans doute pas permis de l'exécuter avec succès. Les alarmes que nous avions eues la premiere fois, se représenterent à notre souvenir, & nous ne jugeâmes pas à propos de nous y exposer pendant la nuit. L'infortune rend l'homme extrêmement timide : en vain dans certains momens il appelle la mort qu'il regarde comme son asyle & le terme de tous ses maux : dès qu'elle s'approche, il fait tous ses efforts pour l'éloigner.

Le lendemain nous repassâmes le canal avec autant de bonheur que la premiere fois, & avec moins de risques. Nous arrivâmes auprès de Madame Lacouture, qui n'avoit pas passé le temps de notre absence sans inquiétude sur notre sort & sur notre retour : nous trouvâmes son mari auprès d'elle ; il étoit arrivé la veille avec la pirogue qu'il avoit amenée heureusement ; mais ce voyage quelque court qu'il eût été, n'avoit pas laissé de l'endommager beaucoup. Le travail que nous y avions fait n'avoit aucune folidité ; la plupart de fes parties s'étoient disjointes, & ouvroient de tous côtés des paſſages à l'eau. Ce peu de fuccès nous découragea d'abord, & nous fit renoncer à l'idée d'y travailler encore. Nous paſſâmes le refte de cette journée à nous repofer. Notre retour avec ma pierre à fufil fut un bonheur pour Madame Lacouture, qui depuis fi long-temps avoit été privée du feu. Nous en allumâmes un qui lui donna de nouvelles forces.

Les huîtres & les racines avoient fait jufqu'à ce moment notre unique nourriture, & quelquefois nous n'en avions pas une quantité fuffifante. La providence nous en fournit ce jour-là d'une autre espece. J'avois quitté mes compagnons pour me promener sur la côte : les réflexions déchirantes qui m'occupoient, m'empêcherent de m'appercevoir que je m'en écartois beaucoup ; elles me menerent loin & long-temps. Un chevreuil mort que je rencontrai devant mes pas, me retira de ma rêverie : je l'examinai & le tournai de tous les côtés ; il étoit encore assez frais : il me parut avoir été blessé, & s'être sauvé à la nage jusques dans ce lieu, où la perte de son sang, la douleur que devoit lui avoir causé sa blessure, l'avoient sans doute forcé de s'arrêter, & où il étoit mort ensuite. Je le regardai comme un présent du ciel,

& le chargeant avec peine sur mes épaules, je revins auprès de mes compagnons, que je ne retrouvai qu'après environ une heure de marche.

Tout notre monde fut surpris de mon heureuse découverte, & en remercia le ciel. Nous avions besoin d'une nourriture plus solide que celle dont nous usions tous les jours. Nous nous préparâmes à faire le meilleur repas que nous eussions fait depuis long-temps. Nous nous empressâmes tous autour de notre chevreuil, que nous eûmes bientôt écorché & dépécé. Nous en fimes cuire à notre feu une quantité suffisante pour nous rassasier, & nous passâmes ensuite une nuit paisible.

Le jour suivant, qui étoit,

je crois, le 26 Mars, le desir de sortir de cette Isle nous fit encore courir à notre pirogue, à laquelle nous revenions sans cesse avec une nouvelle ardeur, & que nous n'abandonnions jamais sans un regret mortel. Le peu de succès de notre premier travail ne nous empêcha pas d'en entreprendre un second. Nous nous flattâmes de réussir mieux, & de profiter de l'expérience que pouvoient nous donner les fautes que nous avions faites la premiere fois. Nous fimes usage de la même espece de matériaux que nous avions déjà employés : nous ne nous pressâmes point; nous mîmes trois jours entiers à cet ouvrage, auquel nous sacrifiâmes encore deux couvertures pour le cintrer. Lorsqu'il fut achevé, nous n'eûmes pas lieu d'en être plus contens Cette malheureuse pirogue ne pouvoit être un quart d'heure fur l'eau fans se remplir. Cet inconvénient nous défefpéroit, & nous n'y trouvions point de remede. Cependant nous n'avions pas d'autre bâtiment pour nous tirer de l'état déplorable auquel nous étions réduits. Empreffés d'en fortir, nous fermâmes les yeux fur le danger. Nous n'avions que deux lieues à faire pour arriver à la terre ferme; mais il étoit impoffible de nous embarquer tous; c'eût été fubmerger la pirogue, & la faire enfoncer en y entrant. Nous nous déterminâmes à partir tous trois, M. Lacouture, M. Defclau &

moi. Pendant que deux de nous rameroient, le troisième devoit s'occuper sans cesse à tirer l'eau qui entreroit dans le bâtiment. Nos chapeaux devoient servir à ce travail; nous pouvions par ce moyen diminuer le danger: il n'en existoit pas moins à la vérité; mais enfin il falloit s'y exposer, s'abandonner à la Providence, & attendre d'elle les secours dont nous avions besoin pour réussir dans ce trajet périlleux.

Cette résolution ayant été prise, nous en remîmes l'exécution au lendemain. Nous employâmes le reste de la journée à faire consentir Madame Lacouture à attendre avec son fils & mon Negre que nous pussions lui envoyer un bateau plus solide, ce qui ne nous seroit pas difficile si nous parvenions à la terre ferme Ce ne fut pas sans peine que nous vinmes à bout de la consoler & de la déterminer à nous laisser partir sans elle. Je lui promis de lui laisser ma pierre à fusil & mon couteau ; & j'avoue que ce ne fut pas sans quelques regrets que je consentis à céder ces deux meubles qui nous avoient été si utiles, & dont je pourrois avoir besoin moi-même, si je faisois un second naufrage avec la pirogue, ou si j'arrivois dans un lieu désert ; mais il falloit bien qu'elle eût quelques secours.

Dès que nous eûmes appaisé ses regrets, & mis fin à ses

lamentations, nous ramassâmes des provisions pour elle & pour nous; nous en embarquâmes quelques-unes pour nous en servir pendant notre voyage. Enfin le 29 Mars au lever du soleil, nous entrâmes dans la pirogue : elle étoit à flots ; nous sentions le plancher sur lequel nous étions fléchir sous nos pieds : le poids de trois corps tels que les nôtres la fit un peu enfoncer, & nous vîmes bientôt l'eau qui la gagnoit. Cet aspect m'ôta toute espérance; je ne pus me défendre d'un secret frémissement : la terreur la plus profonde s'empara de mon ame; il me fut impossible d'y résister : je voyois déja la mort devant moi; je ne voulus plus risquer le trajet : je sortis avec précipitation de la pirogue. Non mes amis, m'écriai-je en me tournant vers M. Lacouture & M. Desclau, non, nous ne pouvons entreprendre ce voyage; nous ne ferons pas un quart de lieue avec ce bâtiment; il s'enfoncera avant ce temps, & nous laissera an milieu d'une mer inconnue, & loin de toute Isle où nous puissions nous refugier. Restons dans celle où nous sommes; attendons-y les secours du ciel ou la mort, mais n'en précipitons pas l'instant : il mettra fin à nos longues souffrances, & notre patience & notre résignation nous mériteront peut-être bientôt ce bienfait.

J'avois sauté sur le rivage en disant ces mots. M. Lacouture me pressoit de revenir, & se moquoit de ma peur. Mes sollicitations, mes raisonnemens ne purent le gagner: il persista dans le dessein de tout risquer, & M. Desclau partit avec lui. Je restai sur le bord, d'où je les regardai avec tristesse : je les vis avancer avec peine, tourner une petite Isle qui étoit à une portée de fusil de la nôtre, & qui les déroba bientôt à mes yeux : je ne doute point qu'ils n'ayent péri; je n'en ai jamais eu aucunes nouvelles, & sans doute leur naufrage ne tarda pas long-temps. Sans l'Isle qui étoit entre nous, & qui me les cachoit, j'aurois vu la pirogue s'enfoncer, & mes malheureux compagnons s'ensevelir avec elle dans les flots. L'état de ce bâtiment

bâtiment eſt une preuve à laquelle il n'y a point de réplique à faire ; & quelques rapports que j'eus occaſion d'entendre, & dont je parlerai dans la ſuite, ne ſervirent qu'à m'aſſurer de leur perte.

Je revins auprès de Madame Lacouture, qui ne s'attendoit plus à me revoir : elle n'avoit pas voulu être préſente à notre embarquement ; comme elle n'y conſentoit qu'avec peine, ce ſpectacle auroit augmenté ſa douleur. Je la trouvai aſſiſe auprès du feu, le dos tourné contre le rivage, & pleurant amerement ſur ſa ſituation. Ma préſence la ranima. Vous n'êtes donc pas encore partis, me dit-elle ? Ah ! qui vous arrête ? Croyant votre départ certain, je cherchois à m'accoutu-

F.

mer à notre séparation : cette idée affligeante commençoit à m'affecter moins, par l'espérance que vous ne m'oublieriez pas; mais je vous revois, je n'ose me livrer à la joie; les regrets vont bientôt la faire disparaître, & se renouveller avec plus d'amertume.

Je ne jugeai pas à propos de lui donner de plus vives inquiétudes, en lui disant naturellement la cause de mon retour, & les craintes que je concevois pour nos deux voyageurs, dont l'un étoit son mari. Je lui cachai le péril auquel il étoit exposé; je lui dis simplement que pour surcharger encore moins la pirogue, j'avois préféré de rester avec elle; que M. Lacouture enchanté de ma résolution qui rendoit son voyage moins périlleux, & l'assuroit qu'il laissoit du moins un ami sûr auprès de sa femme & de son fils, avoit continué sa route avec plus de tranquillité, & que je lui avois promis de ne rien épargner pour leur rendre tous les services qui seroient en mon pouvoir. Madame Lacouture me remercia avec la plus vive reconnoissance; ma présence sembloit la consoler & la rassurer tout-à-fait sur l'avenir.

Nous n'étions enfin plus que quatre dans notre Isle, & j'étois obligé de songer à la conservation & à la subsistance de tous. Madame Lacouture & son fils étoient trop foibles pour m'être d'un grand secours; je n'en tirois guères que de mon Negre; mais c'étoit une espece de machine organisée, qui n'avoit que des bras & des jambes à employer à notre service; il manquoit à chaque instant de jugement & de prévoyance, & j'étois obligé d'en avoir pour lui comme pour les autres : il ne m'étoit utile que dans les occasions où il falloit agir, & où ses forces m'étoient nécessaires.

Pendant quelques jours que nous passâmes encore dans cette Isle, les vents de sud & de sud-est soufflerent long-temps, & nous furent très-funestes en nous empêchant de trouver des provisions. Nous fûmes obligés de nous restraindre à la vinette, qui faisoit une nourriture très-légere, sans substance, & qui affoiblissoit notre estomac sans le rassasier. Le chevreuil que j'avois trouvé avoit été bientôt dévoré ; le hasard qui me l'avoit procuré ne renaissoit plus, & il ne falloit pas compter deux fois sur ses bienfaits. Nos peines enfin augmentoient à chaque instant.

Six jours s'étoient écoulés depuis le départ de M. Lacouture & de M. Desclau : j'avois quelquefois espéré, foiblement à la vérité, de recevoir de leurs nouvelles, & des secours de leur part; mais je n'osai plus m'en flatter. Madame Lacouture elle-même ne comptoit plus sur eux; elle me disoit qu'elle croyoit ne les plus revoir , & que sans doute ils avoient péri. Je ne pouvois calmer ses craintes & ses soupçons;

je les éprouvois moi-même, & je connoissois d'ailleurs la fragilité de leur bâtiment. Le mal-aise que je ressentois, mes longues infortunes me donnoient de l'humeur, de l'ennui, du dégoût, & dans cet état j'étois incapable de déguiser ce que je pensois, & d'avoir des ménagemens.

Las de ma situation douloureuse, reconnoissant avec amertume que je ne devois attendre que de moi les moyens de la changer, j'imaginai de faire un radeau sur lequel nous pussions nous embarquer. Je saisis vivement cette idée, & je regrettai de ne l'avoir pas eue avant le départ de mes deux compagnons; ils m'auroient secondé dans ce travail plus utile & plus sûr que celui que nous avions fait à cette malheureufe pirogue que nous avions été chercher fi loin. Je réfolus du moins de ne pas différer l'exécution de ce nouveau deffein, tandis qu'il me reftoit encore des forces pour l'entreprendre. J'en fis part à Madame Lacouture, qui l'adopta avidement, & qui furmontant la foibleffe naturelle à fon fexe, & que nos malheurs avoient encore augmentée, mit elle-même la main à l'ouvrage : nous nous en occupâmes tous les quatre. Je chargeai le jeune Lacouture de dépouiller quelques arbres de leur écorce, en lui indiquant ceux qui pouvoient nous être plus utiles. Nous nous mîmes, fa mere, mon Negre & moi, à rassembler les plus grosses pieces de bois sec que nous pûmes trouver. Il y en avoit de considérables que nous avions de la peine à remuer, & que nous roulâmes tous les trois avec effort sur le rivage. Nous y en conduisîmes une douzaine : ce soin nous retint un jour entier, à cause de notre foiblesse ; à chaque instant nous étions contraints de nous reposer : après avoir pris haleine pendant quelques momens, nous recommencions à travailler avec une constance que soutenoit seul le desir de sortir du lieu de notre exil.

Nous étions tous extraordinairement fatigués lorsque la nuit nous força d'interrompre notre besogne. Nous trouvâmes heureusement auprès de notre feu une grande quantité d'huîtres, de palourdes, de lambies & d'autres coquillages que le jeune Lacouture avoit pris sur le bord de la mer, & qu'il y avoit transportés. Ces alimens cruds étoient très-grossiers & très-indigestes; nous imaginâmes de les faire griller sur des charbons : c'étoit la premiere fois que cette idée nous étoit venue ; nous l'essayâmes, & nous nous en trouvâmes bien. Ces sortes de poissons perdirent toute leur mauvaise qualité par la cuisson ; ils devinrent plus légers, plus nourrissans ; mais ils furent moins agréables au goût : nous ne pouvions les assaisonner ; un peu de sel nous aurait suffi, mais nous n'en avions point, &

nous ne savions comment en faire. Le radeau qui nous occupoit absolument, ne nous permit pas d'en chercher les moyens. Nous pouvions nous passer de sel, mais nous ne pouvions songer à finir nos jours dans cette Isle.

Le lendemain nous reprîmes notre ouvrage de la veille : les écorces d'arbres que le jeune Lacouture avoit préparées, me servirent à attacher nos pieces de bois les unes aux autres. Ce lien ne me parut pas suffisant ; j'occupai Madame Lacouture à couper une de nos couvertures par bandes qui me servirent à faire un lien plus solide. Mon Negre, pendant ce temps, roula auprès de moi quelques autres pieces de bois moins pesantes, que je joignis à celles qui étoient déja assemblées. Mon radeau fut fini à midi. Je pris un morceau de bois que j'assujettis de mon mieux au milieu de mon ouvrage pour servir de mât ; j'y attachai une couverture entiere qui devoit nous tenir lieu d'une voile.

Nous défimes ensuite une partie de nos bas, dont le fil fut employé à faire des cordages pour les haubans, les bras & les écoutes. Tous ces différens travaux nous tinrent le reste de la journée ; mais enfin nous les achevâmes. Je me munis d'une derniere piece de bois de moyenne grosseur, dont je me proposai de me servir comme d'un gouvernail. Résolus de partir le lendemain de grand matin, nous commençâmes tout de suite à faire provision d'huîtres & de racines : nous fûmes assez heureux pour en trouver une quantité prodigieuse, dont nous chargeâmes ce que nous crûmes nécessaire sur notre radeau. Il étoit amarré avec soin dans le sable ; la marée montante devoit le mettre à flots : elle commençoit ordinairement à se retirer au point du jour, & nous comptions en profiter pour partir. En attendant ce moment, nous nous reposâmes auprès de notre feu ; nous n'y goûtâmes pas long-temps le sommeil ; il survint un orage affreux pendant la nuit ; la pluie, la clarté des éclairs, le bruit du tonnerre nous réveillerent : la mer s'enfla beaucoup ; elle s'agita avec la plus grande fureur : nous tremblâmes pour le radeau qui nous avoit donné tant de peine. Hélas! nous ne pûmes point en profiter; les vagues le détacherent & l'entraînerent à la mer, après l'avoir mis en pieces. Ce temps affreux dura toute la nuit; il ne ceffa qu'au retour du foleil.

Nous étions accourus fur le rivage pour voir fi notre machine n'auroit point réfifté à la tempête : nous ne la vîmes plus, elle avoit difparu. Le courage nous abandonna : nous paffâmes le refte du jour à nous défoler, à nous plaindre, fans fonger à rien entreprendre de nouveau. Un autre fléau vint encore nous accabler · depuis que nos malheurs avoient commencés, nous n'avions point été malades, notre santé s'étoit conservée, & nous n'éprouvions pas d'autres incommodités que notre foiblesse. Mon Negre, pendant que nous nous affligions, avoit couru la côte pour chercher quelques coquillages : il n'en vit aucun ; mais il trouva la tête & la peau d'un marsouin qu'il nous apporta. Le tout nous parut fort corrompu ; mais le besoin écarte la délicatesse, & notre estomac avide demandoit cette nourriture dont la vue étoit si dégoûtante. Nous la mangeâmes toute entiere : un heure après nous sentîmes un malaise insupportable : notre estomac étoit surchargé, & ne pouvoit se débarrasser de cet horrible aliment. Nous eûmes recours à l'eau, dont heureusement nous ne manquions pas : nous en bûmes beaucoup ; elle ne nous soulagea que par degré. Nous fûmes tous incommodés d'une dissenterie cruelle, qui nous fatigua pendant cinq jours, & qui mit le fils de Madame Lacouture aux portes du tombeau.

L'idée de construire un autre radeau m'étoit venue lorsque j'avois vu le premier emporté; mais la lassitude me força de renoncer à l'entreprendre sur le champ, & je ne fus pas en état de le faire tant que dura notre maladie. Elle finit enfin, mais elle nous laissa tous dans une foiblesse extraordinaire. La crainte de la voir augmenter me détermina à m'occuper sur le champ de la conftruction d'un nouveau radeau : il ne falloit pas attendre que l'épuifement total de mes forces me mît dans la néceffité de renoncer pour toujours à ce projet. J'exhortai Madame Lacouture à me feconder encore : elle fit comme moi un effort fur elle-même, & nous nous mîmes tous à l'ouvrage, à l'exception de fon fils qui étoit très-mal, & dont l'état me caufoit les plus vives alarmes.

Nous étions alors au 11 Avril ou environ. Nous travaillâmes fans relâche, & avec autant de promptitude que notre foibleffe, qui étoit extrême, nous le permit. Nous n'eûmes entierement achevé que le 15 au foir. Les pieces de bois que nous employâmes nous donnerent beaucoup de peine à rouler ; nous étions obligés de les aller chercher au loin : celles qui étoient le plus près de la mer, avoient été employées déja au radeau que nous avions perdu. Nous tremblions à chaque inftant que le mauvais temps ne vînt interrompre notre ouvrage, & le détruire avant qu'il fût achevé : nous ne pouvions prendre aucune précaution ; il falloit l'exécuter fur le rivage, & dans le lieu le plus près de la mer, afin qu'en montant elle le mît elle-même à flots : il nous auroit été impoffible de l'y mettre nous-mêmes ; comment ferions-nous venus à bout de le remuer ? Le moindre nuage que nous appercevions dans le ciel, le moindre degré de force qu'acquéroit le vent, nous faisoient frémir, & sembloient nous présager une tempête. Nous nous arrêtions alors; nous n'osions poursuivre notre travail, dans la crainte qu'une seconde fois nous ne pussions en profiter.

Nous nous y remettions cependant, mais c'étoit avec dégoût, avec inquiétude. Nous sacrifiâmes à ce bâtiment le reste de nos couvertures & de nos bas. Si les flots nous l'avoient encore enlevé, il ne nous restoit plus aucune ressource, aucune espérance, & nous n'aurions plus attendu que la mort.

Les craintes ne nous quittèrent point durant la nuit du 15 au 16. La sérénité du ciel nous rassuroit à peine : nous ne dormîmes point ; nous la passâmes à ramasser des provisions pour deux jours en coquillages & en racines, & à les charger sur notre radeau, résolus de partir le lendemain, si nous le possédions encore. Le jour vint enfin ; il nous promettoit un temps favorable. J'allai réveiller le jeune Lacouture pour nous embarquer ; il étoit le seul que la fatigue avoit forcé de se reposer. Je l'appelle, il ne me répond point. Je m'approche de lui pour le réveiller en le secouant ; je le trouve froid comme le marbre, sans mouvement, sans sentiment ; je le crus mort pendant quelques minutes : en passant la main sur son cœur, je sentis qu'il battoit encore.

Notre feu étoit presque éteint. Comme nous devions quitter l'Isle, & que nous ne pensions plus en avoir besoin, nous ne nous étions pas donné la peine de l'entretenir. J'appellai mon Negre pour le ranimer, tandis que je cherchois à réchauffer ce malheureux jeune homme, en lui frottant les bras, les mains & les jambes Madame Lacouture qui étoit éloignée, arrive dans ce moment. Qui pourroit peindre son état, ses cris, sa douleur, à la vue de son fils expirant ! Elle tomba à côté de lui dans un évanouissement profond qui me fit trembler. Occupé auprès de l'enfant, quel secours pouvois-je donner à la mere ? Je leur partageai mes soins. Celle-ci me sembla dans un état auſſi terrible que ſon fils. Le Negre avoit rallumé le feu. Je lui ordonnai de ſoutenir le jeune homme, & de le réchauffer par degré. A force de ſoins & de mouvemens, je fis revenir la mere à elle-même. Je m'attachois à la conſoler, à lui donner de l'eſpérance : elle ne m'écoutoit pas. Son fils reprit enfin connoiſſance ; le froid l'avoit ſaiſi pendant la nuit, & cela, joint à l'épuiſement où il étoit l'avoit plongé dans cette léthargie, qui eut terminé ſes jours ſi j'avois tardé un inſtant à le ſecourir.

Quelle ſituation étoit alors la mienne ! abandonné dans une Iſle déſerte, manquant de tout, au milieu de deux perſonnes dangereufement malades, ne fachant quel remede leur donner, n'ayant que des huîtres, des poiſſons, de mauvaiſes racines & de l'eau à ma portée. Dans quel moment ſur-tout étoient-elles tombées dans ce funeſte état? à l'inſtant où nous nous préparions à quitter cette Iſle, à nous rendre dans un lieu où nous trouverions des hommes & du ſecours. Il ne fallut plus ſonger à les embarquer ce jour-là; la mere & le fils étoient trop foibles. Partir, c'étoit les expoſer à une mort certaine. Les laiſſer, c'étoit une inhumanité dont l'idée ſeule révoltoit mon cœur, & dont j'étois incapable. Reſter moi-même avec eux, c'étoit m'expoſer à ne voir jamais la fin de mes peines, à perdre le radeau qui m'avoit tant coûté, à le voir emporter par les flots. Cette derniere idée, que le premier malheur que nous avions éprouvé fortifioit encore, déchiroit mon cœur, & me jettoit dans un défefpoir que rien ne pouvoit calmer, & que chaque minute augmentoit. Je ne balançai pas cependant; je remplis les devoirs que l'humanité m'impofoit : je me réfignai à tous les maux qui m'étoient encore préparés; je les offris au ciel, & j'en attendis ma récompenfe.

Je courus décharger le radeau des provifions que nous y avions placées. Mon cœur faigna encore à la vue de cet ouvrage qui m'alloit peut-être devenir inutile. Je fongeai à l'amarrer de maniere qu'il pût résister long-temps à l'impétuosité des flots, s'il survenoit une nouvelle tempête. J'en détachai le mât, les cordages, & tout ce que je ne pouvois plus espérer de recouvrer si je venois à le perdre, & je les mis dans un lieu sûr à l'abri de la fureur de la mer. Je pris la couverture sur-tout que je portai à nos malades qui avoient besoin de ce meuble. Je passai la journée à leur donner des soulagemens : heureux s'ils pouvoient contribuer à les rétablir, & à lever les obstacles qui s'opposoient à notre départ !

La douleur de Madame Lacouture, ses inquiétudes sur son fils, étoient la seule cause de son mal. Je parvins à les dissiper en en partie, non pas en lui donnant des espérances que je n'avois pas, car j'étois persuadé que nous perdrions le jeune homme, mais en lui inspirant du courage, & en l'exhortant à la soumission aux volontés du ciel. Je croyois qu'il étoit important de la préparer ainsi par degrés au coup qui devoit la frapper, & que je n'imaginois pas être fort éloigné. En effet le jeune homme étoit dans la position la plus douloureuse; il avoit toute sa connaissance; mais sa foiblesse étoit si grande, qu'il étoit forcé de se tenir couché. Ses membres ne pouvoient soutenir le poids de son corps, & ce n'étoit qu'avec des efforts infinis qu'il se tournoit d'un côté sur l'autre. S'il vouloit changer

G

de place, il étoit obligé de ramper & de se traîner sur le ventre.

Je veillai sans cesse auprès de lui pendant la nuit; lui-même ne ferma pas l'œil : il me parloit quelquefois, c'étoit pour me remercier de mes soins, & pour me témoigner combien il y étoit sensible, & le regret qu'il avoit de retarder notre voyage. Je n'ai rien entendu de plus tendre & de plus touchant que les discours qu'il me tenoit sur ce sujet. Ce jeune homme avoit une sensibilité profonde, un sens & une fermeté qu'on n'a pas ordinairement à cet âge. Il se trouva très-mal vers le point du jour; il n'y avoit presque pas de minutes où je ne m'attendisse à le voir passer : j'avois eu la précaution de tenir sa mere à quelque distance de lui, afin qu'elle ne le vît point expirer, s'il venoit à rendre le dernier soupir. Ce spectacle est toujours affreux pour des étrangers; combien l'aurait-il été pour une mere! Je n'aurois pas répondu que Madame Lacouture eût conservé la fermeté que j'avois tâché de lui inspirer, & je voulois lui dérober au moins cette cruelle image, dont l'effet est souvent moins sensible lorsqu'on ne l'a pas sous les yeux.

Le jeune homme dans ce moment me dit avec effort : Pardonnez-moi les inquiétudes & les peines que je vous donne ; je n'attends plus aucun succès de vos soins ; je sens que l'instant de ma mort est proche ; je ne quitterai pas cette Isle ; quand même mes jours se prolongeroient, je ne pourrois vous suivre, mes jambes me refuseroient absolument tout service : arrivé avec vous sur la terre ferme, je n'en serois pas plus heureux : les endroits habités ne se trouvent pas sur la côte ; comment pourrois-je m'y rendre ? Il me faudroit rester exposé dans les bois aux bêtes farouches, & à des incommodités plus cruelles encore que celles que j'éprouve à présent. M'en croirez-vous, M. Viaud, ajouta-t-il après un instant de réflexion, partez sans m'attendre ; ne vous inquiétez pas de mon sort : il ne peut être long ; profitez de votre radeau ; craignez de perdre avec lui l'espérance qui vous reste de vous fauver : emmenez ma mere; ce fera une confolation pour moi; tant qu'elle fera avec vous, je ne craindrai rien pour elle. Vous laifferez feulement auprès de moi le plus de provifions que vous pourrez ramaffer, & j'en ferai ufage tant que le ciel me laiffera la vie. Si vous arrivez en lieu de fûreté, vous ne m'oublierez point, & vous aurez fans doute l'humanité de revenir ici me porter des fecours dont je profiterai fi je refpire encore, ou me donner la fépulture fi vous me trouvez mort. Ne me répondez point, ajouta t-il ; en voyant que j'allois l'interrompre ; ce que j'exige eft jufte : il ne faut pas que l'efpérance incertaine de me mettre en état de partir avec vous,

vous faſſe riſquer de périr avec moi : je ſuis déterminé à périr ſeul ; mais éloignez-vous, ſauvez ma mere, & cachez-lui mon état & le conſeil que je vous donne.

Je demeurai confondu à ce diſcours : je n'y répondis point ; j'en étois incapable : une foule d'idées confuſes ſe préſenterent à mon imagination, & toutes me diſoient que notre ſalut dépendoit de ce conſeil, que la néceſſité m'ordonnoit de le ſuivre. Agité de mille mouvemens de compaſſion, de douleur & d'incertitude, je me jettai ſur le jeune homme que j'embraſſai avec tendreſſe ; je mouillai ſon viſage de mes larmes, en vantant ſon courage, en l'exhortant à le conſerver, sans lui parler de mes réflexions, & sans lui dire non plus que je ne pouvois céder à son avis. Il me serra les mains, en me disant de réfléchir à ce qu'il m'avoit proposé.

Je le quittai, & je fus en effet occupé de son discours : je l'admirois; mais je songeois en frémissant que c'étoit fait de nous tous, si je balançois à entreprendre un voyage qu'il paroissoit desirer. Cependant l'idée de le laisser me désespéroit; j'aurois pû le porter sur le radeau, & lui faire partager notre fortune pendant la traversée; mais qu'en aurois-je fait quand nous serions arrivés à terre ? Il ne pouvoit se remuer; son séjour dans l'Isle étoit moins dangereux; il n'y avoit point de bêtes féroces contre lesquelles il eût à se défendre. A force de m'arrêter sur cette idée, mon ame s'y accoutuma; & je l'avouerai, celle d'abandonner le jeune Lacouture me parut moins terrible. Mon intérêt, celui de sa mere, notre perte inévitable, me firent penser qu'une nécessité aussi pressante que celle dans laquelle nous étions, me dispensoit de toute espece de ménagement.

Je dois cependant dire qu'au milieu de ces réflexions, il s'en présentoit d'autres qui rassuroient l'humanité gémissante d'une résolution qu'elle ne prenoit qu'avec peine. Je pensois que mon voyage seroit court, que j'arriverois promptement dans un lieu habité, où je pourrois prendre un bateau & des hommes pour le venir chercher & le tranfporter auprès de fa mere. Ce raifonnement étoit bien hafardé, le fuccès l'étoit encore davantage; mais le malheur me le fit regarder, comme très-folide & très-fenfé.

Cependant je ne pus me réfoudre à partir de toute la journée. Le foir, le jeune Lacouture me fit des reproches de mes délais. Si votre féjour en ce lieu pouvoit prolonger ma vie, me dit-il, je n'aurois rien à vous oppofer; mais vos efforts feront inutiles, je le fens; je puis languir encore un jour ou deux, & pendant ce temps il peut s'élever une autre tempête qui vous privera de votre radeau : vous voudrez alors vous éloigner, &

vous n'en aurez plus le pouvoir; vous gémirez d'avoir différé, & vos regrets feront d'autant plus violens, que ce délai m'aura été inutile : j'aurai péri fous les yeux de ma mere; j'emporterai en mourant l'affreufe affurance qu'elle me fuivra bientôt; je la laifferai dans les pleurs & dans le défefpoir; ce lieu cruel qu'elle ne pourra plus quitter, me rappellera fans ceffe à fon fouvenir, & renouvellera la fource de fes pleurs. L'abfence, l'éloignement, le temps pourroient la confoler. Profitez de cette nuit pour faire vos préparatifs; raccommodez votre bâtiment; ramaffez vos provifions, laiffez-m'en une certaine quantité, & partez demain au point du jour : réveillez ma mere au moment du départ; elle croira que je ne suis plus, & que vous voulez l'arracher à ce spectacle funeste; ne la tirez pas de son erreur, partez & consolez-là.

L'état de ce jeune homme, le sang froid avec lequel il prononçoit ce discours, la nécessité enfin, tout me détermina. Je pris la couverture dont il étoit enveloppé, & je lui donnai à la place une redingotte que je portois par-dessus mon habit. Je me dépouillai encore de ma veste que je lui laissai : j'allai redresser le mât de mon radeau; j'y attachai la couverture : pendant ce temps, mon Negre fut ramasser des coquillages; il en trouva beaucoup; ma cargaison fut bientôt prête; je l'aidai à transporter une quantité suffisante de vivres auprès du jeune Lacouture. Nous séchâmes plusieurs poissons au feu, afin qu'ils puissent se conserver plus long-temps, nous les mîmes à sa portée. Le printemps étoit venu, les nuits n'étoient plus aussi fraîches; & le feu lui devenoit moins nécessaire.

Je me reposai quelques heures en attendant celle de mon départ; mais je ne dormis point: je parlai long-temps avec le jeune homme, qui faisoit des efforts continuels sur lui-même, pour me consoler de notre séparation, & pour me recommander sa mere. Une heure avant le jour il tomba dans une nouvelle foiblesse; il perdit la connoissance; je ne pus réussir à le faire revenir : dès cet instant, je le regardai comme un homme mort. Le dirai-je? je vis dans son trépas un bonheur pour lui, & un soulagement pour moi; je l'abandonnois avec moins de regret. Le jour vint, il respiroit encore, mais il ne parloit plus : il me paroissoit dans les douleurs de l'agonie ; je ne pensai pas qu'il pût vivre encore une demi-heure. Je mis cependant près de lui le plus d'alimens qu'il me fut possible; je remplis d'eau toutes les écailles des huîtres que nous avions ouvertes, afin qu'il trouvât des secours, s'il reprenoit assez de forces pour pouvoir en profiter; mais je ne l'espérois pas, & en remplissant ce soin, je ne doutois pas qu'il ne fut inutile. Je le recommandai au ciel, & je courus auprès de sa mere que je réveillai avec peine. Ranimez votre courage, Madame, lui dis-je brusquement, le ciel veut que nous nous éloignions; obéissons à ses décrets; hâtons-nous : craignons un délai qui nous seroit sans doute funeste, & qu'il ne seroit plus en notre pouvoir de réparer. Juste ciel ! s'écria-t-elle, mon fils est mort... je n'ai déja plus d'époux.... j'ai tout perdu.

Elle se tut à ces mots; elle répandit un torrent de larmes; je ne m'amusai pas à les essuyer : je la pris dans mes bras, & avec l'aide de mon Negre, je la transportai dans le radeau, sans qu'elle fît la moindre résistance. J'avois craint qu'elle ne demandât à voir fon fils : ce mouvement naturel eût pu lui être dangereux, & retarder encore notre départ jufqu'au lendemain. La perfuafion où elle étoit qu'il avoit rendu le dernier foupir, l'empêcha d'y fonger. De quel fecours lui eût-elle été après fa mort ? Elle n'avoit pas befoin d'un fpectacle de cette efpece, capable de lui ôter les forces qui lui reftoient, & qu'il lui étoit important de conferver.

Moi-même, quand nous eûmes gagné le large, je fus perfuadé que le jeune homme n'étoit plus. Occupé de ces idées en gouvernant notre bâtiment, j'adreffai pour lui mes prieres au ciel, & je le conjurai en même temps de nous être plus favorable.

Nous étions partis le 19 Avril, si ma mémoire ne me trompe point. Nous voguâmes vers la terre ferme sans éprouver le moindre accident, si ce n'est beaucoup de fatigue. Notre navigation dura douze heures, au bout desquelles nous prîmes terre. Notre premier mouvement fut de rendre graces à Dieu de notre heureuse arrivée. Nous abandonnâmes notre radeau, & nous n'emportâmes que nos provisions, notre couverture & les cordages que nous avions faits de nos bas. Nous nous avançâmes dans le pays, que nous trouvâmes impraticable, & presque généralement inondé. Cet inconvénient nous affligea; il nous fit reconnoitre que le malheur ne nous quitteroit pas de sitôt, & qu'il nous accompagneroit encore sur la terre ferme.

Le soleil alloit se coucher ; la lassitude que nous éprouvions, la crainte de nous égarer pendant la nuit dans un lieu que nous ne connoissions pas, nous fit songer à chercher un endroit où nous pussions la passer avec le moins d'incommodité. Nous choisîmes un tertre que son élévation mettoit à l'abri de l'humidité. Trois gros arbres qui étoient à peu de distance les uns des autres, & dont les branches épaisses se joignoient, nous servirent de couvert. Je tirai ma pierre à fusil que je n'avois point négligé d'emporter, & j'allumai un grand feu, auprès duquel nous mangeâmes une partie des provisions que nous avions apportées.

Nous nous attendions à reposer tranquillement, & nous en avions un véritable besoin ; mais à peine nos yeux furent-ils fermés, que nous entendîmes des hurlemens affreux qui nous réveillerent, & porterent l'effroi dans nos ames : c'étoient les cris des bêtes féroces. Nous les entendions de tous côtés : elles sembloient se répondre & nous environner. Nous nous levâmes avec une terreur dont rien ne peut rendre l'idée. Nous nous attendions à chaque minute à voir fondre sur nous ces monstres furieux : nous portions nos regards par-tout où nous entendions leurs hurlemens, qui ne faifoient qu'augmenter. Il fembloit que ces animaux farouches s'approchoient de nous : nous en jugions du moins ainfi par leurs cris, qui de minute en minute nous paroiſſoient plus violens & plus forts.

Mon Negre, dans ce moment, ne put réfifter à fa peur : il courut à l'un des arbres fous lefquels nous étions, & s'élançant avec une rapidité inconcevable, il y grimpa fur le champ, & courut fe cacher au fommet. Madame Lacouture l'avoit fuivi : elle le prioit à mains jointes de l'attirer avec lui, & de l'aider à gagner cet afyle. En vain je l'appellois, & lui criois de ne pas s'éloigner du feu dont les bêtes féroces ne s'approcheroient pas, & que je tâchois d'augmenter en y jettant beaucoup de bois. Elle ne m'écoutoit point; elle continuoit à pleurer, à supplier mon Negre, que sa propre frayeur rendoit sourd à sa voix. Je tâchois vainement aussi de me faire entendre, & je n'osois courir auprès d'elle pour la ramener; je craignois de m'écarter du feu qui faisoit ma sûreté. Dans un instant je l'entendis pousser un cri terrible, & crier : *au secours, M. Viaud, je suis perdue.* Je ne pus me résoudre à l'abandonner; je saisis un gros tison enflammé, & mon zèle supérieur à mon effroi, me conduisit de son côté. Je la vis accourant de toutes ses forces, & poursuivie par un ours d'une grosseur démesurée, qui s'arrêta à mon aspect. J'avouerai que sa vue me fit frémir. Je m'avançai d'un pas chancelant en lui présentant mon tison. Je joignis Madame Lacouture, & je la ramenai à notre brasier, où l'ours ne nous suivit pas. Je le lui fis observer, en lui apprenant que l'on se servoit du feu avec succès pour écarter les monstres des forêts. L'ours qu'elle vit de loin immobile, & nous regardant d'un œil étincelant, la persuada de la vérité de ce que je lui disois, & la rassura.

L'arbre sur lequel étoit monté mon Negre, étoit à quelques pas de nous. Sa terreur ne lui avait pas permis de choisir : il n'avoit pas même fait attention qu'il y en avoit un beaucoup plus proche. Je l'entendis bientôt pousser à son tour un cri horrible : je portai mes regards de ce côté. Le feu que j'avois allumé étoit très flamboyant ; il m'aida à voir l'ours qui s'étoit dressé contre l'arbre sur lequel s'étoit refugié ce malheureux, & qui se disposoit à y monter. Je ne savois comment m'y prendre pour le secourir. Je lui criai de monter au sommet de l'arbre, de chercher les branches les plus pliantes, mais qui fussent capables de le soutenir, & où il ne fût pas possible à l'ours de le joindre : car ces animaux guidés par leur instinct, s'attachent, autant qu'il est possible, aux branches les plus grosses, & craignent de se fier à celles qui plient sous leur corps. Je m'avisai en même temps de lancer auprès de cet arbre de gros tisons allumés, qui pussent effrayer l'animal, & l'engager à quitter son entreprise. J'en jettai plusieurs avec tant d'adresse & de bonheur, qu'ils s'arrêterent au pieds de l'arbre, se croiserent les uns sur les autres en tombant, & continuerent d'y brûler comme dans notre feu, qui par le soin que j'avois pris, étoit devenu un bûcher extrêmement ardent. La clarté que jetterent ces brandons éblouit l'ours, qui redescendit avec précipitation, en prenant le côté du tronc qui leur étoit opposé, & s'éloigna sur le champ.

Il ne fallut pas songer à dormir de toute cette nuit. c'étoit une chose impossible avec l'épouvante que nous inspiroient les bêtes farouches, dont les hurlemens étoient continuels, & redoubloient de moment en moment. Jamais je n'ai rien entendu de si terrible & de si affreux. Plusieurs ours s'approcherent encore de nous, & à une distance assez peu éloignée pour que nous pussions les appercevoir à la clarté de notre feu. Nous découvrîmes aussi des tigres qui nous semblerent d'une grosseur extraordinaire; peut-être la crainte nous les montroit-elle ainsi. Il y en eut un qui s'avança même beaucoup, malgré nos cris. Quelques brandons allumés que nous lançâmes

çâmes de son côté, l'obligerent de s'éloigner; mais ce ne fut pas sans avoir jetté des cris furieux auxquels tous ces monstres répondirent.

Pour nous débarrasser de la visite que d'autres auroient été tentés de nous faire encore, & de plus près, nous jettâmes beaucoup de tisons à une certaine distance autour de notre grand feu, de maniere que nous en étions presque environnés. Cette précaution, en forçant ces animaux à s'écarter loin de nous, les déroboit à notre vue, & diminuoit par-là nos frayeurs; mais nous ne pûmes le faire qu'aux dépens de notre bûcher; le bois qui le composoit étoit presque tout consumé, & nous craignions fort qu'il ne le fût entierement avant le jour; mais heureusement la nuit étoit plus avancée que nous ne le croyions. Les hurlemens qui nous avoient si fort épouvantés, diminuerent, s'éloignerent, & cesserent enfin aussi-tôt que le jour parut. Les bêtes féroces, à son approche, rentrent dans leurs repaires, pour n'en sortir que lorsque les ténebres ont pris sa place.

Je profitai de ce moment pour ramasser quelques pieces de bois que je jettai encore dans notre feu. J'appellai ensuite mon Negre, que j'eus bien de la peine à faire descendre de l'arbre où il s'étoit caché, & qui vint enfin plus mort que vif.

Après la fatigue & l'effroi de

la nuit, nous ne pouvions nous remettre sur le champ en route; nous avions besoin de repos, & nous le cherchâmes. Notre agitation ne nous permit pas de le trouver facilement; nous sommeillâmes plutôt que nous ne dormîmes jusqu'à midi; alors nous prîmes un léger repas qui consomma le reste de nos provisions. Nous nous mîmes ensuite en route, & nous marchâmes du côté de l'est, dans le dessein de nous rendre à Saint-Marc des Appalaches, espérant de rencontrer dans notre marche quelques Sauvages qui daigneroient nous guider, nous fournir quelques vivres, ou nous donner la mort : nous n'en avions rien de pis à craindre, & nous aurions mieux aimé mourir tout d'un coup, que de vivre comme nous avions vécu, paſſant de malheurs en malheurs, expoſés à périr par la faim, ou ſous la dent des monſtres.

Nos forces ne nous permirent pas de faire beaucoup de chemin; notre journée ſe borna à une marche d'une heure & demie : nous nous hâtâmes de faire halte avant l'entier épuiſement de nos forces. Encore pleins de l'effroi de la veille, nous voulions avoir le temps & le courage de faire le plus grand amas de bois. Nous en entaſſâmes autant que nous le pûmes, dans un lieu ſitué comme celui où nous nous étions arrêtés la veille. Après avoir préparé notre bûcher, ſans y mettre le feu, j'en diſpoſai douze autres à l'entour, à vingt pas de distance, & dans un égal éloignement les uns des autres; nous devions par cette précaution en être entourés de tous les côtés : elle nous parut la plus sûre pour nous garantir des attaques des bêtes féroces.

La crainte étoit le premier sentiment qui avoit reclamé nos soins : il falloit qu'il fût bien puissant, puisqu'il étoit supérieur à notre faim. Nous songeâmes enfin à chercher de quoi la contenter. Le terrein sur lequel nous étions étoit extrêmement stérile; nous n'y voyions ni coquillages, ni racines bonnes à manger : toutes nos perquisitions furent inutiles ; nous ne découvrîmes rien qui pût nous servir d'aliment;

trop heureux de trouver une eau bourbeuse, mais douce, & dont nous bûmes beaucoup : ce fut toute la nourriture que nous prîmes ce soir-là.

Dès que la nuit parut, je fis du feu, & j'allumai tous nos bûchers. Je n'avois pas voulu le faire plutôt, parce qu'il nous étoit inutile, & que je voulois ménager le bois que j'avois amassé avec peine, afin qu'il durât jusqu'au jour. Nous nous couchâmes aussi tôt, afin de goûter quelques heures de sommeil, avant que les bêtes farouches se répandissent dans la plaine, & vinssent nous troubler par leurs hurlemens. Elles ne nous interrompirent en effet qu'à minuit : nous dormîmes très-profondément jufqu'à ce moment ; notre laffitude nous empêcha de les entendre plutôt, & j'en juge ainfi par le bruit effroyable qu'elles faifoient à l'inftant de notre réveil : on eût dit que tous les monftres fauvages du nouveau monde s'étoient réunis dans ce défert pour nous épouvanter par leurs cris. Nous diftinguions ceux de différentes efpeces : les rugiffemens des lions nous parurent fur-tout épouvantables ; ils perçoient par-deffus le bruit que faifoient les autres animaux. Nous les entendîmes à une diftance peu éloignée : il fembloit qu'ils étoient autour de nous, & que nous n'en étions féparés que par nos feux : c'étoit une barriere que nous nous favions bon gré de leur avoir opposée. Aucun n'en approcha assez près pour se laisser distinguer, & ce fut un bonheur pour nous : car étourdis comme nous l'étions de leurs hurlemens qui les annonçoient en si grand nombre, nous n'aurions pu soutenir leur vue; un seul que nous aurions apperçu, nous auroit fait craindre l'approche d'un plus grand nombre, & nous aurions succombé à notre effroi.

Madame Lacouture & mon Negre furent dans un état affreux; je les vis plus d'une fois prêts à s'évanouir; ma terreur n'étoit assurément pas moindre que la leur, & j'osai cependant leur parler pour les rassurer. Hélas! en les exhortant au courage, j'avois perdu le mien; une sueur froide couloit de tout mon corps : j'étois saisi, & le feu auprès duquel j'étois couché, me fut d'un grand secours.

Le jour en écartant les bêtes féroces, mit fin à nos alarmes; elles avoient suspendu le sentiment de la faim; nous l'éprouvâmes dans sa plus grande violence, aussi-tôt que nos craintes furent dissipées. C'est ainsi que nous souffrions alternativement les maux les plus cruels. Le besoin de manger, l'impossibilité de le satisfaire, sont assurément les plus insupportables. Nous essayâmes de tout ce qui se présentoit à nos yeux; nous ramassions de la terre, nous la portions dans notre bouche, & nous la rejettions aussi-tôt.

Nous ne penſâmes point à nous repoſer le matin, comme nous avions fait la veille; nous marchâmes dans l'eſpérance de rencontrer quelque choſe. Nous goûtâmes de toutes les plantes que la terre produiſoit dans ce déſert; mais c'étoient des eſpeces de bruieres, des ronces ſans feuilles, dont la tige étoit un bois dur que nos dents avoient de la peine à broyer, & que nous ne pouvions avaler enſuite. Chaque eſſai que nous faiſions avec auſſi peu de ſuccès, nous arrachoit des larmes, & augmentoit notre déſeſpoir. A une heure après midi, nous nous arrêtâmes, accablés de douleur, & hors d'état de pouvoir aller plus avant. Nous nous couchâmes ſur la terre, incertains si nous aurions la faculté de nous relever, & attendant la mort, l'appellant par nos cris, & mettant en elle tout notre espoir.

Mon Negre qui étoit aussi foible que nous, ranimé par la fureur du besoin, se leve, & court à un arbre dont les branches étoient peu élevées, & auxquelles il pouvoit atteindre en levant les bras. Il en arrache les feuilles & les dévore avec une avidité qui nous étonne, & qui nous fait imaginer que ces feuilles ont un goût délicieux. L'idée qu'elles peuvent servir de nourriture, leur donne à nos yeux un air appétissant : nous volons après mon Negre, pour partager son triste repas : notre imagination prête à ces feuilles une saveur qu'elles n'ont point; nous ne les mangeons pas, nous les dévorons: ce mets charge notre estomac sans le rassasier. Après en avoir pris beaucoup, nous songeons que la quantité peut nous être nuisible, & nous nous imposons la loi d'être sobres.

Contents de ce repas, que nous supposons nourrissant, nous travaillons à nous mettre en état de passer la nuit; nous ranimons nos forces pour préparer des bûchers comme la veille; nous nous mettons tous à cet ouvrage; l'abondance de bois sec qui est répandue autour de nous, facilite ce travail; il est bientôt fini. Nous nous asseyons en attendant l'heure d'y mettre le feu; mais à peine nous fûmes-nous repofés une heure que nous nous fentîmes tous très-mal ; les feuilles que nous avions mangées, cauferent un ravage affreux dans notre eftomac. Nous recourûmes à l'eau; nous nous traînâmes avec effort auprès d'une fource d'eau voifine, à laquelle nous arrivâmes avec bien des difficultés. A peine eûmes-nous bu , que nous nous fentîmes extrêmement gonflés : il fembloit que ces feuilles étoient des éponges. Nous effuyâmes un vomiffement qui nous en débarraffa par degrés, avec des convulfions horribles , & nous ne les rendîmes pas fans beaucoup de fang.

Nous demeurâmes long-temps fans force & prefque fans mouvement auprès de cette source; croyant toucher à notre derniere heure, incapables de nous en éloigner. Le soleil en se couchant nous laissa dans cette situation déplorable. La nuit s'avançoit ; nous n'avions plus la faculté de nous remuer; nous gémissions de ne pouvoir retourner à nos feux pour les allumer; nous nous représentions deja les bêtes féroces fondant sur nous & nous dévorant. Cette appréhension augmentoit encore notre foiblesse ; nous soupirions, nous versions des larmes nous proférions quelques plaintes; nous n'avions pas la force de pousser des cris.

La nuit parut tout-à-fait, & augmenta notre effroi. Nous essayâmes de nous traîner encore vers nos bûchers; nous fimes les plus grands efforts pour y réuſſir, & nous frémiſſions des obſtacles que nous éprouvions. Nous nous y rendîmes enfin, mais nous étions épuiſés. A peine pus-je frapper des coups aſſez forts ſur ma pierre pour en tirer des étincelles; je parvins difficilement à les recevoir ſur une manchette que Madame Lacouture avoit arrachée de ſa chemiſe; & lorſque je l'eus enfin allumée, je me vis preſque ſur le point de renoncer à l'eſpoir de communiquer le feu à quelques morceaux d'écorces ſéches & à des feuilles: ni les uns ni les autres, nous ne pouvions ſouffler pour les enflammer. Ce travail nous tint près d'une demi-heure. Nous jettâmes ces écorces allumées sur notre bois, qui s'enflamma heureusement sans difficulté.

Le bruit affreux que nous avions entendu les nuits précédentes, recommença alors dans l'éloignement. Nous nous félicitions d'être parvenus à faire du feu; nous en sentions la nécessité. Pour nous rassurer tout-à-fait, il falloit allumer les autres bûchers que nous avions dressés autour de nous. Nous fimes de nouveaux efforts pour cela ; nous nous partageâmes cette besogne, & chacun ayant pris deux brandons dans chaque main, alla les jetter dans différens tas de bois, & vint en prendre de nouveaux pour allumer les autres. La peur qui nous animoit, nous donna les forces &

l'activité nécessaires ; nous demeurâmes même moins de temps à cette opération que notre foiblesse n'en sembloit exiger. A peine l'eûmes-nous finie, que les cris que nous avions entendu s'approcher de nous, retentirent de toutes parts, & à une très-légere distance.

Combien alors nous sentîmes-nous heureux d'avoir pu allumer nos feux, & de nous trouver au moins en sûreté sous leur abri ! Nous les avions beaucoup multipliés ce soir-là, & ce soin nous avoit rendus plus tranquilles : il ne nous empêcha cependant pas de sentir la plus vive épouvante ; elle étoit augmentée par la foiblesse où nous étions, & par le besoin de nourriture. Celle que nous avions prife nous avoit encore plus affoiblis; elle nous avoit horriblement fatigués. Sur la fin de la nuit, nous nous endormîmes cependant; ce fut l'épuifement qui en fut fans doute la caufe.

Nous ne nous réveillâmes qu'au grand jour, un peu repofés à la vérité, foulagés en partie, mais tourmentés plus vivement par le befoin dévorant de la faim. Nous regardâmes avec un frémiffement & un dégoût fupérieur encore au befoin, l'arbre dont les feuilles nous avoient femblé fi appétiffantes la veille, & qui nous avoient mis à deux doigts de la mort. Nous nous levâmes pour continuer notre route, dans l'efpoir de faire enfin quelque découverte plus heureufe qui nous soutînt. Nous fimes, comme le jour précédent, divers essais de différentes substances, mais avec aussi peu de succès : nous ne rencontrions plus que des arbres & des arbrisseaux qui ne nous fournissoient rien.

La faim cependant devenoit plus vive ; l'espoir de la soulager nous soutenoit à chaque pas, & nous fit continuer notre marche jusqu'à midi. Nos regards erroient autour de nous, & s'élançoient dans le plus grand éloignement sans rien découvrir. Nous étions sur une hauteur d'où nous appercevions de tous côtés un horison immense : à droite étoit la mer ; un bois sur notre gauche qui s'étendoit à perte de vue ; & devant nous, sur le chemin que nous devions prendre, une plaine aride & déserte, où l'œil n'appercevoit que des traces de bêtes féroces, & rien qui pût nous nourrir. Cette perspective nous jetta dans le désespoir le plus amer; notre ame abattue perdit tout courage; nous ne songeâmes plus à continuer notre route, puisque nous ne voyions pas à quoi elle devoit aboutir, & qu'il n'y avoit pour nous aucune apparence de consolation ou d'alimens.

Nous descendîmes vers la gauche; nous dirigeâmes nos pas vers la forêt; elle n'étoit pas éloignée: son épaisseur nous fit trembler; les arbres étoient pressés les uns contre les autres; on ne pouvoit passer entr'eux que dans certains endroits; le chemin qu'on eût voulu y prendre, y finissoit après quelques pas; & l'on trouvoit d'autres passages, dont plusieurs ramenoient à l'entrée, tandis qu'un plus grand nombre auroit pu conduire le voyageur plus loin dans l'intérieur, où il se seroit égaré, sans espoir d'en sortir jamais, & sûr d'y périr victime de la faim ou des bêtes féroces.

Aucun de ces arbres n'offroit quoi que ce soit à nos yeux pour notre subsistance; la plupart portoient des feuilles de l'espece de celles qui nous avoient causé tant de mal. C'en est fait m'écriai-je avec le sentiment le plus amer de la douleur; c'en est fait, il faut mourir; nous ne pouvons plus soutenir notre misérable vie.

Je me jettai à terre en prononçant ces mots. Madame Lacouture se mit à côté de moi : mon Negre se plaça à nos pieds, & à quelque distance : nous répandions tous des larmes; nous ne nous regardions pas ; nous observions un silence farouche; nous étions ensevelis dans des réflexions funestes; nous nous devinions mutuellement ; nous n'avions pas besoin de nous les communiquer ; elles ne rouloient que sur notre affreuse situation.

Dans ce moment les plus noires idées m'agitoient. Est-il quelqu'un, me disois-je, qui jamais se soit vu réduit à la même extrêmité que moi ? Quel homme s'est trouvé dans un défert, manquant de tout, & prêt à fuccomber fous la faim ? Il me vint auffi-tôt à l'efprit les aventures de quelques voyageurs, qui éloignés de leur route par la tempête, retenus dans des mers inconnues par des vents contraires, furpris quelquefois par des calmes, ont vu épuifer leurs provifions, fans pouvoir les renouveller. Je fongeai qu'après avoir fouffert la faim jufqu'à la derniere extrêmité, ces malheureux n'avoient pas eu d'autre reffource que de facrifier l'un d'eux pour le falut de tous ; & que le fort avoit choifi quelquefois la victime qui devoit, en perdant la vie, foutenir celle de fes compagnons, en leur donnant son corps même pour aliment.

Oserai-je vous l'avouer, mon ami ? Vous allez frémir en lisant ce qui me reste à vous apprendre ; mais croyez que votre terreur n'est pas encore égale à la mienne. Voyez à quel excès le désespoir & la faim peuvent nous porter, & plaignez-moi des malheurs auxquels j'ai été exposé.

Lorsque ces aventures terribles se présenterent à mon imagination, mes yeux égarés tomberent sur mon Negre : ils s'y arrêterent avec une espece d'avidité. Il se meurt, m'écriai-je avec fureur ; la mort la plus prompte seroit un bienfait pour lui : il va y succomber lentement ; tous les

les efforts humains sont insuffisans pour l'en garantir ; pourquoi sa mort ne me seroit-elle pas utile ?

Cette réflexion affreuse, je l'avouerai, ne révolta pas mon imagination : ma raison étoit aliénée ; elle éprouvoit la foiblesse de mon corps : la faim me pressoit ; je souffrois des déchiremens cruels dans mes entrailles ; le desir de les appaiser me dominoit tout entier ; les moyens étoient impossibles ; il n'y avoit que celui-là : mon ame troublée étoit incapable de réfléchir & d'examiner ; elle formoit des souhaits horribles & me fournissoit mille sophismes pour les justifier.

Quel mal ferai-je, continuai-je encore ? Il est à moi ; je l'ai acheté pour me servir; quel plus grand service peut-il jamais me rendre? Madame Lacouture agitée des mêmes idées funestes, avoit entendu ces derniers mots: elle ignoroit les réflexions qui les avoient amenés, & les raisonnemens qui les avoient précédés; mais le besoin l'éclairoit : elle m'appella d'une voix foible; je jettai les yeux sur elle : elle porta les siens sur mon Negre, & me le montrant de la main, elle les retourna sur moi d'une maniere terrible, & fit un geste plus expressif encore, & que j'entendis.

Il sembloit que ma fureur attendoit le moment où elle seroit avouée par un conseil : je n'hésitai plus; ravi de la voir penser comme moi, je me crus juſtifié; je me leve avec précipitation, & ſaiſiſſant un bâton noueux dont je me ſervois pour m'appuyer dans nos marches, je m'approche du Negre qui étoit aſſoupi, & je lui en décharge un coup violent ſur la tête : il le tira de ſon aſſoupiſſement, & l'étourdit. Ma main tremblante n'oſa pas redoubler ; mon cœur frémit ; l'humanité gémiſſante y pouſſa un cri qui m'ôta la force de continuer.

Le Negre revenant à lui, ſe leva ſur ſes genoux, joignit les mains, & me regardant d'un air troublé, me dit d'un ton languiſſant, & avec l'accent de la douleur : *Que fais-tu, mon Maî-*

tre?... *Que t'ai-je fait?... Grace... grace au moins pour la vie!...*

Je ne pus réfister à mon attendriffement; mes larmes coulerent; pendant deux minutes il me fut impoffible de répondre, & de prendre un parti. Les déchiremens de la faim étoufferent enfin en moi la voix de la raifon: un cri lugubre, un nouveau coup d'œil de ma compàgne, me rendirent toute ma fureur. Egaré, hors de moi-même, plein d'un tranfport inoui, je me jette fur ce malheureux, je le précipite à terre, je pouffe des cris pour achever de m'étourdir, & pour m'empêcher d'entendre les fiens qui auroient détruit ma cruelle réfolution. Je lui lie les mains derriere le dos; j'appelle ma compagne qui vient m'aider dans cette barbare opération : elle appuye un genou sur la tête de l'infortuné, tandis que moi je tire mon couteau.... je l'enfonce de toute mes forces dans sa gorge, & j'y fais une ouverture très-large, qui le prive sur le champ de la vie.

Il y avoit un arbre renversé auprès de nous; j'y traînai le Negre; je l'y plaçai dessus en travers pour faciliter l'écoulement de son sang. Madame Lacouture me prêta encore la main dans cette circonstance.

Ce coup horrible avoit épuisé nos forces & notre fureur : nos yeux se détournerent avec effroi de ce corps sanglant, qui vivoit le moment d'auparavant : nous frémîmes de ce que nous venions de faire ; nous courûmes rapidement à une source voisine, pour y laver nos mains sanglantes, que nous ne regardions plus qu'avec horreur. Nous tombâmes à genoux pour demander pardon au ciel de l'acte d'inhumanité que nous venions de commettre; nous le priâmes aussi pour le malheu.eux que nous venions d'égorger.

Combien la nature réunit les extrêmes ! Que de sentimens opposés nous agiterent en un instant ! La piété succédoit à la férocité : celle-ci reprit bientôt ses droits. La faim pressante interrompit nos prieres. Grand Dieu ! nous écriâmes-nous, vous voyez notre situation & notre misere épouvantable!... c'est elle qui a ordonné le meurtre que nos mains ont commis.... Pardonnez à des infortunés, & bénissez au moins la nourriture affreuse qu'ils vont prendre; ne la leur rendez pas funeste... elle leur a suffisamment coûté.

A ces mots, nous nous levons, nous allumons un grand feu, nous consommons enfin notre action inhumaine. Oserai-je entrer dans ces détails? ils me révoltent au seul souvenir. Non, mon ami, je n'ai jamais été barbare.... Je le fus.... Hélas! je n'étois pas né pour l'être. Vous me connoissez assez pour que je n'aie pas besoin d'apologie auprès de vous. Vous devez être mon seul lecteur; & je supprimerois cette partie de mon histoire, si j'imaginois que j'en eusse jamais d'autres. Quelle idée se formeroient-ils de mon caractere? De quelles atrocités ne me soupçonneroient-ils pas capable? C'est d'après un oubli de ma raison, occasionné par les plus grands malheurs, qu'ils prétendroient peut-être m'apprécier. Peu seroient assez justes pour méditer sur mes infortunes, & pour sentir que celles de l'espece des miennes sont faites pour opérer de grands changemens dans le naturel des hommes, & que les écarts auxquels elles peuvent les livrer, ne doivent pas leur être imputés à crime.

Aussi-tôt que notre feu fut

prêt, j'allai couper la tête du Negre; je l'attachai au bout d'un bâton, & la plaçai devant le brasier où j'eus soin de la retourner souvent pour la faire cuire également. Notre faim ne nous permit point d'attendre que cette cuisson fut entiere, nous la dévorâmes en peu de temps; & après nous être rassasiés, nous nous arrangeâmes pour passer la nuit dans ce lieu, & pour nous couvrir des atteintes des bêtes féroces. Nous nous attendions que leur approche nous empêcheroit de dormir, & nous ne nous trompâmes point. Nous passâmes la nuit à dépécer par morceaux la chair de notre Negre, à la faire griller sur des charbons, à la passer à la fumée pour la rendre propre à se conserver. Ce que la faim nous avoit fait souffrir, nous faisoit craindre d'y être exposés encore, & nous ne pouvions l'éviter qu'en nous assurant des provisions qui pussent durer long-temps. Nous restâmes encore le lendemain & la nuit suivante dans le même lieu, pour finir nos préparatifs. Pendant ce temps, nous fûmes très-économes de nos alimens, & nous ne mangeâmes que ce qu'il étoit difficile de conserver, & que par conséquent nous ne pouvions pas emporter avec nous. Nous fimes plusieurs paquets du reste que nous enveloppâmes dans des mouchoirs qui nous restoient, dans des morceaux de l'étoffe de nos habits, & nous les attachâmes sur nous avec les cordages de notre radeau.

Le 24 Avril ou environ, nous nous remîmes en chemin; le séjour que nous avions fait nous avoit reposés; la nourriture que nous avions prise nous avoit rendu des forces; sûrs de n'en pas manquer de quelque temps, nous ne craignîmes point de nous engager au milieu du desert qui nous avoit parut si terrible le jour où nous avions donné la mort au Negre. Notre voyage se fit avec lenteur : nous ne nous remîmes pas en route tous deux seuls sans regretter le compagnon qui nous suivoit auparavant, & dont nous portions les tristes restes avec nous. Nous marchâmes plusieurs jours, avec beaucoup de fatigue & d'embarras, à travers des joncs voisins de la mer, ou au milieu des ronces, des épines, & d'autres plantes non moins dangereuses, qui nous mettoient les pieds & les jambes en sang.

Cette incommodité, moins terrible que la faim, ne laissa pas de nous retarder souvent. Les piquures des moustiques, des maringouins, & de la multitude des autres insectes que l'on rencontre sur ces côtes, nous avoient défigurés de maniere que nous n'étions plus reconnoissables. Notre visage, nos mains, nos jambes étoient couverts de ces piquures, qui les avoient prodigieusement enflés. Pour les éviter, s'il étoit possible, nous nous rendîmes sur le bord de la mer, résolus de le suivre désormais, dans l'espérance d'y faire aussi quelquefois d'heureuses découvertes, qui nous procurant sur le champ quelques vivres, ménageroient ceux que nous portions. Nous ne fûmes point trompés dans cette attente ; lorsque la mer étoit basse, & que le temps étoit beau, nous trouvions quelquefois sur le sable de petits coquillages & de petits poissons plats, que nous prenions à l'aide d'un bâton pointu par un bout avec lequel nous les perçions ; mais nous n'en avions jamais suffisamment pour nous rassasier, & nous en trouvions encore très-rarement ; c'étoit cependant un secours qui n'étoit pas à dédaigner, & que nous recevions de la Providence avec des cœurs touchés & reconnoissans.

Je ne puis vous donner, jour par jour, le détail de cette route pénible que nous suivions avec constance, & dont le terme sembloit s'éloigner. Les joncs dont le bord de la mer étoit couvert dans plusieurs endroits, & à travers desquels nous étions contraints de passer, nous étoient aussi funestes que les ronces que nous avions voulu fuir : ces joncs secs & cassés par les vents, nous déchiroient les jambes, & les entâmoient de la maniere la plus cruelle. Les bêtes féroces nous effrayoient toutes les nuits, & ce que nous trouvions de plus affreux, c'étoit la nécessité de manger souvent de l'horrible mets que nous avions préparé. Notre fureur s'étoit appaisée avec la faim ; la raison avoit repris son empire ; elle frémissoit à l'idée seule d'une nourriture humaine ; nous n'y recourions qu'à l'extrêmité, lorsque nous ne trouvions absolument rien, & que la faim renaissante faisoit disparoître le dégoût.

Un soir, comme nous faisions notre halte ordinaie, je me sentis si foible, qu'à peine eus-je la force de ramasser le bois nécessaire pour notre feu ; il me fut impossible de préparer des bûchers autour de notre asyle, comme je le faisois toutes les nuits ; mes jambes prodigieusement enflées ne pouvoient plus me soutenir. J'imaginai de suppléer à ces bûchers, en mettant le feu aux joncs & aux bruyeres : le vent qu'il faisoit ne pouvoit manquer de l'étendre ; cela suffisoit pour écarter les bêtes féroces. Il devoit en résulter un autre avantage pour notre voyage, c'est qu'il dépouilleroit notre chemin de ces joncs incommodes, & que nous pourrions marcher plus facilement sur le rivage en suivant la trace du feu. Effectivement le lendemain le feu nous avoit marqué notre route. Je regrettai de ne m'être pas avisé plutôt de cet expédient, qui nous auroit préservés des blessures que nous avions aux jambes, qui nous faisoient beaucoup souffrir,

& nous obligeoient de faire de très-petites journées.

Nous trouvâmes auſſi ſur notre chemin quelques proviſions qui nous furent très-agréables : c'étoient deux ſerpens à ſonnettes ; l'un en avoit quatorze, & l'autre vingt-une ; ce qui fait connoître facilement leur âge, ſi réellement il leur croît une ſonnette à la fin de chaque année : ils étoient très-gros ; le feu les avoit ſurpris pendant leur ſommeil, & les avoit étouffés ; ces ſerpens nous fournirent des alimens frais pour toute cette journée & pour la ſuivante : nous ſéchâmes auſſi partie de leur chair pour la conſerver, & nous la joignîmes aux proviſions que nous avions déja.

Dans le cours de notre voyage,

je trouvai encore l'occasion de les augmenter. J'apperçus un matin dans une marre d'eau voisine, un cayman (*p*) endormi : je m'en approchai pour le reconnoître. La vue de ce monstre ne m'inspira aucune terreur, quoique je susse combien il est dangereux. La seule idée qui se présenta à mon imagination, fut que si je pouvois le tuer, ce seroit un supplément considérable à nos alimens. J'hésitai un moment à l'attaquer ; mais ce ne fut pas la crainte qui m'arrêta, ce fut l'incertitude de la maniere dont je devois m'y prendre.

Je m'avançai avec mon bâton

───────────────

(*p*) C'est une espece de Crocodile : celui dont je parle étoit de douze pieds de long.

qui étoit d'un bois dur & pesant, je lui en déchargeai précipitamment trois coups sur la tête, avec une telle vigueur, que je l'étourdis au point qu'il ne put se jetter sur moi, ni fuir : il ouvrit seulement une gueule affreuse, dans laquelle j'enfonçai promptement le bout de mon bâton qui formoit une pointe assez aiguë : je trouvai la gorge que je traversai, & baissant aussi-tôt l'extrêmité de mon arme sur la terre, j'y tins le monstre comme cloué : il faisoit des bonds & des mouvemens si affreux, que si mon bâton n'avoit pas été fortement assujetti dans le sable, & à une certaine profondeur, il m'eût été impossible de contenir cet animal farouche, & j'aurois été la victime de ma témérité.

J'employois toutes mes forces pour le retenir : j'étois dans une position fatiguante qui ne me permettoit pas de faire d'autre mouvement pour achever de tuer le monstre. J'appellai Madame Lacouture, en la priant de venir me secourir ; mais elle n'osa pas le faire : elle fut seulement me chercher un morceau de bois de trois ou quatre pieds de long, & me l'apporta. Je m'en servis pour achever d'étourdir l'animal, en le frappant d'une main, & en tenant mon bâton de l'autre. Dès qu'il ne fit presque plus aucun mouvement, ma compagne rassurée prit ma place, & pouvant alors employer mes deux mains, j'achevai de casser la tête au cayman, & je lui coupai la queue.

Ce triomphe me coûta beaucoup de peine, & m'en dédommagea. Nous ne songeâmes point à poursuivre notre route de ce jour-là : nous nous occupâmes à faire un bon repas, & à préparer la chair du cayman, comme nous avions préparé celle de notre Negre : nous la coupâmes par morceaux de la grandeur de la main, afin qu'ils séchassent plus facilement, & nous retinssent moins long-temps. La peau me servit à faire des souliers à la sauvage pour Madame Lacouture & pour moi : nous nous enveloppâmes les jambes d'un autre morceau de cette peau qui nous tint lieu de bottines, &

nous garantit de la piquure des infectes qui nous avoient tant fait souffrir, & que leurs aiguillons ne pouvoient pénétrer : d'autres morceaux fervirent à couvrir nos mains & notre vifage. Nous nous fimes des efpeces de mafques, que nous trouvâmes d'abord incommodes, mais qui nous préfervant encore des morfures, nous rendirent le plus grand fervice.

Tels furent les fecours différens que nous tirâmes de notre cayman : nous paffâmes tout ce jour & la nuit fuivante à ces préparatifs : nous ne voulûmes point dormir, & nous renvoyâmes à la nuit fuivante le foin de goûter quelque repos : nous craignions d'allonger notre voyage par des séjours : il étoit déja assez long par les petites journées que nous étions contraints de faire. Le lendemain notre marche fut arrêtée au bout d'une heure, par une rivière qui se jettoit dans la mer : elle étoit peu large, mais son courant étoit très-rapide. J'examinai si nous pourrions la traverser ; je me deshabillai & j'allai la sonder : je trouvai des obstacles insurmontables, la profondeur de l'eau qui obligeoit de se mettre à la nage, la force du courant qu'il étoit difficile de couper, & qui infailliblement m'auroit entraîné dans la mer. Quand j'aurois pu vaincre ces difficultés, Madame Lacouture ne l'auroit pu elle-même. Je revins à terre avec un chagrin inconcevable : il n'y avoit pas d'autre parti à prendre que celui de remonter cette riviere, en suivant le bord; jusqu'à ce que nous trouvassions son cours plus tranquille, ou quelque haut fond qui rendît le trajet plus aisé.

Nous recommençâmes à marcher : deux jours entiers s'écoulerent, & nous ne vîmes rien qui nous donnât de l'espérance. Plus nous allions, plus la riviere nous paroissoit impraticable, nos inquiétudes & notre désespoir augmenterent ; nous désespérions déja de quitter le pays; nous n'avions rencontré aucun aliment pendant ce temps ; nous avions été en conséquence forcés de recourir au cayman, laissant le Negre pour la derniere extrêmité:

té : nous tremblions d'épuifer nos provifions avant d'être arrivés dans quelque lieu habité, & de ne trouver aucun moyen de les renouveller.

Effrayés du paffé, incertains de l'avenir, & de la durée de nos infortunes, nous paffions les heures à efpérer, à gémir, à défefpérer. Enfuite la vue d'une riviere toujours rapide ajoutoit à notre laffitude; l'impoffibilité de la traverfer, la néceffité de marcher encore fans favoir quand nous trouverions un lieu favorable, nous ôtoient le courage.

Sur la fin du fecond jour que nous fuivions cette riviere, je tournai fur le bord avec mon bâton, une tortue qui pouvoit pefer environ dix livres. Cette nouvelle ressource que la Providence nous envoyoit, suspendit les murmures qui nous échappoient à chaque instant, & les changea en actions de graces. Nous avions vu auparavant une grosse poule d'Inde qui venoit boire tous les soirs & tous les matins à notre vue, & qui paroissoit avoir son nid dans les environs; mais nous le cherchâmes envain : l'espoir de trouver un aliment très-sain dans ses œufs, nous avoit fait faire les recherches les plus exactes; elles ne nous réussirent point : c'étoit un chagrin pour nous, qui ne contribuoit pas peu à nous donner de l'humeur, & à nous faire maudire notre destinée.

La découverte de la tortue

nous réconcilia un peu avec la fortuue: nous songeâmes à la faire cuire; notre foyer étoit déja préparé. Quelle fut ma consternation, lorsque je ne trouvai plus ma pierre à fusil ! Je vuidai toutes mes poches, je les retournai; je défis les paquets qui contenoient nos vivres; je fouillai par-tout avec l'attention la plus scrupuleuse; Madame Lacouture me secondoit; nous ne la trouvâmes point. Quels furent nos regrets ! Ils étoient proportionnés au besoin que nous avions de cette pierre, & aux secours que nous en avions tirés. Jamais perte n'a donné plus de douleur à un homme. Nous regardions cette tortue, que nous avions trouvée avec tant de joie, de l'œil le plus indifférent;

nous l'aurions troqué volontiers contre la pierre; nous aurions perdu avec moins de chagrin la moitié des provisions que nous avions. Comment, sans son secours, nous garantir du froid & des attaques des bêtes féroces? Comment cuire nos alimens, nous en procurer, nous mettre à l'abri de l'humidité?

Madame Lacouture n'étoit pas moins affligée que moi. Je songeai que nous n'avions pu perdre cette pierre que dans le lieu où nous avions reposé la nuit précédente, ou sur la route que nous avions faite depuis. Malgré ma foiblesse & ma lassitude, je ne balançai pas un instant à retourner sur mes pas pour la chercher. Je proposai à Madame Lacouture de me suivre ou de m'attendre. Elle fut obligée de se déterminer au dernier parti; elle n'avoit pas assez de forces pour entreprendre de marcher encore. Elle trembloit cependant de rester seule; mais elle ne desiroit pas moins que moi que nous eussions le bonheur de recouvrer le trésor que nous avions perdu. Elle me fit promettre de ne pas l'abandonner, & de revenir le plutôt qu'il me seroit possible.

Nous avions fait heureusement peu de chemin; une heure & demie avoit été la durée de la course du jour; la nuit étoit encore éloignée. Je retournai sur mes pas, dans le dessein d'être de retour avant les tenebres; mais la chose me fut impossible: j'étois trop foible pour avancer promptement ; je ne faifois d'ailleurs pas un pas, fans regarder fi je ne retrouverois pas ma pierre ; j'efpérois qu'elle auroit été perdue fur le chemin, que je la rencontrerois, fans être obligé d'aller bien loin ; mais il fallut pourfuivre jufqu'au lieu où nous nous étions repofés.

J'avois mis beaucoup de temps ; la nuit paroiffoit déja lorfque j'arrivai ; je ne diftinguois prefque plus les objets ; je cherchai partout où je remarquai des traces de nos pas : foins inutiles, je ne découvris rien. Je me couchois fur la terre ; je paffois mes mains par-tout ; elles fuppléoient à mes yeux, dont l'obfcurité ne me permettoit pas de faire ufage.

Las de me fatiguer en vain, je courus au feu que j'avois allumé la nuit précédente, pour voir si j'y trouverois encore quelque charbon qui me mît en état de le renouveller, & de m'éclairer ensuite dans mes perquisitions. Il étoit absolument éteint : je n'y vis plus que des cendres, & pas la moindre étincelle.

Accablé de ce nouveau contre-temps, comme si je n'eusse pas dû m'y attendre, je restai couché, livré à la douleur la plus profonde, désespérant de tirer aucun fruit de ma peine, incapable de rejoindre Madame Lacouture de cette nuit, & ne songeant pas même à l'entreprendre. L'idée de repartir sans ma pierre, me désoloit ; je résolus d'attendre le jour, pour la chercher de nouveau, espérant de réussir enfin à la trouver.

J'allai me jetter sur les tas de fougeres, de feuilles & de plantes différentes qui nous avoient servi de lit ; je pensai que c'étoit peut-être dans cet endroit que j'avois fait ma perte. Je délibérai un instant si j'attendrois le lendemain pour y faire mes recherches : c'étoit le parti le plus raisonnable. Le grand jour m'étoit absolument nécessaire ; je ne devois pas m'attendre à rien trouver dans l'obscurité : j'en étois bien persuadé ; mais mon inquiétude étoit trop vive pour supporter des délais.

Je passai mes mains à plusieurs reprises sur tous les points de la surface de ce lit; elle ne sentirent rien sous elles. Mon premier dessein étoit de me borner à cet essai, & de renvoyer au jour des recherches plus exactes ; mais je ne pus résister à mon impatience. Je dérangeai cet amas de plantes, poignée par poignée : il n'y en eut pas une qui ne me passât par les mains. Je les mettois dans un autre endroit après les avoir bien examinées. Je demeurai la plus grande partie de la nuit dans cette occupation ; je désespérois déja de retrouver mon trésor. Toutes ces plantes avoient changé de place. J'étendis mes mains sur le terrein nud qui en étoit auparavant couvert, & elles s'arrêterent sur l'objet de mes recherches. Je le saisis avec une joie égale au regret que m'avoit causé sa perte ; je le serrai soigneusement, & je pris toutes sortes de précautions pour n'en être plus privé à l'avenir.

Pendant que j'avois été occupé de ce soin, je n'avois pas été sans inquiétude au sujet des bêtes féroces. Leurs cris s'étoient fait entendre, mais dans un grand éloignement. Je frémis plusieurs fois & pour moi, & pour ma malheureuse compagne qui se trouvoit seule, & dont l'effroi devoit être extrême au milieu de la nuit. Je songeai à me rendre auprès d'elle pour la rassurer, s'il étoit possible ; mais j'avoue que la crainte de faire quelque rencontre dangereuse, me retint long-temps en suspens. Je réfléchis enfin que le soin que nous avions eu de mettre le feu partout sur notre route, avoit dû éloigner les monstres, & qu'ils s'étoient retirés, pour le fuir, aux extrêmités de ces déserts. En effet, depuis ce temps, ils ne s'étoient jamais approchés des lieux où nous faisions nos haltes, & nous n'avions plus entendu leurs hurlemens que dans un certain éloignement, qui diminuoit de beaucoup nos terreurs. Je me persuadai enfin que je n'en rencontrerois aucun, & je me mis en route ; mais ce ne fut pas sans frémir, & sans être plusieurs fois sur le point de m'arrêter & de faire du feu pour me rassurer.

Je poursuivis cependant mon chemin ; la crainte me donna des ailes, & malgré ma foiblesse, j'arrivai encore auprès de Madame Lacouture environ deux heures avant le jour. Je faillis à la manquer & à m'écarter beaucoup de l'endroit où je l'avois laissée : l'obscurité, la peur m'empêchoient de reconnoître ce lieu. Un gémissement que j'entendis par hasard & qui me fit frissonner, m'avertit que j'allois passer auprès d'elle sans m'en appercevoir. Elle avoit entendu le bruit de mes pas, & dans son effroi elle avoit imaginé que c'étoit une bête farouche qui venoit à elle : c'est ce qui lui avoit fait pousser ce gémissement. Je l'appellai à haute voix : est-ce vous, Madame ? Oui, me répondit-elle, d'une voix presque éteinte. Bon Dieu ! que vous m'avez effrayée, & que votre éloignement & votre retard m'ont fait passer de cruels momens ! Avez-vous entendu ces hurlemens horribles?.. Ils ont frappé mon oreille. J'ai cru que puisque vous ne reveniez point, vous aviez été dévoré, & que je ne tarderois pas a l'être.

Je vis encore, m'écriai-je ; je vous retrouve ; nous en avons été tous deux quittes pour la peur : j'ai retrouvé ma pierre ; nous allons avoir du feu ; nous pourrons nous reposer & prendre quelque nourriture.

En disant ces mots, je ramassois quelques morceaux de bois sec ; e tirois du feu de ma pierre ; un lambeau de ma chemise qui étoit entierement usée & presque réduite en charpie, me tint lieu d'amadou : depuis long-temps elle me servoit à cet usage, & j'employois indistinctement la mienne ou celle de Madame Lacouture.

Nous eûmes bientôt un grand feu, auquel nous fimes cuire une partie de notre tortue, dont la chair se trouva très-tendre & très-succulente. Nous trouvâmes dans son corps, en l'ouvrant, une multitude de petits œufs que nous grillâmes sur les charbons, & qui nous procurerent un aliment également sain & rafraîchissant, qui nous fit beaucoup de bien. Nous nous endormîmes ensuite, & le repos dont nous avions besoin, & qui dura cinq heures, nous soulagea & nous rendit quelques forces.

A notre réveil, nous consultâmes entre nous, si nous continuerions notre route. En regardant la riviere dont le cours étoit assez droit, nous désespérâmes de trouver de long-temps un lieu commode pour la traverser. Nous nous déterminâmes à risquer le passage dans celui où nous étions. Pour cela j'imaginai de construire un radeau. Six arbres effeuillés par le temps, que l'eau avoit entraînés, & qui s'étoient arrêtés vers le bord, auprès d'un autre arbre que le vent avoit couché sur l'eau, & dont les racines tenoient encore fortement à la terre, me parurent des matériaux solides & faciles à employer. J'entrai dans l'eau, qui heureusement n'étoit pas profonde dans cet endroit : j'amarrai quatre de ces arbres ensemble ; ils étoient suffisans : les liens que j'employai furent des écorces : j'y ajustai de mon mieux une longue perche, plus grosse à une extrémité qu'à l'autre, pour me servir de rame & de gouvernail.

Cet ouvrage étant fini, nous nous préparâmes à partir. Nous nous dépouillâmes de nos habits, dont nous fimes un paquet que nous assujettîmes avec des écorces. Nous prîmes cette précaution afin de pouvoir nous sauver plus facilement, s'il nous arrivoit quelque accident. Nos habits nous auroient incommodés, si nous étions tombés dans l'eau; & en les réuniſſant dans un paquet, nous nous ménagions la facilité de les rattraper; s'il falloit que je me miſſe à la nage pour les aller chercher. L'événement nous prouva que nous avions eu raiſon de nous précautionner ainſi.

L'état où nous étions, Madame Lacouture & moi, nous rendoit inutiles les ménagemens qu'exige la pudeur. A peine ſongions-nous, depuis que nous voyagions enſemble, que nous étions d'un ſexe différent. Je ne m'étois apperçu de celui de ma compagne, que par la foibleſſe ordinaire aux femmes. Elle ne voyoit dans le mien que la fermeté, le courage que je tâchois de lui inſpirer, & les ſecours que mes forces, un peu plus grandes que les siennes, me mettoient dans le cas de lui donner. Tout autre sentiment étoit mort en nous, & la nature épuisée, indifférente sur tout autre objet, ne nous demandoit que des alimens.

La crainte des accidens qui pouvoient nous arriver, ne nous permit pas de nous séparer de nos provisions comme de nos habits; la perte de ceux-ci nous eût moins affligés que celle des autres. Nous défimes nos paquets pour les arranger de maniere à pouvoir les attacher autour de notre corps, assurés de les sauver avec nous, ou de périr avec eux. Nous descendîmes sur notre radeau, que je poussai au large, en gouvernant du mieux que je le pus avec ma perche. Le courant nous entraîna d'abord avec une rapidité qui me fit trembler : il nous avoit tranfportés en un inftant à plus de trois cens pas du lieu où nous nous étions embarqués : je craignois qu'il ne nous entraînât de même jufqu'à la mer. Je manœuvrai avec une peine infinie pour parvenir à le couper. J'y réuffis à la fin, mais c'étoit toujours en cédant & en defcendant prodigieufement, de maniere que je ne comptois arriver à l'autre bord qu'à une demi-lieue plus bas que le point d'où nous étions partis.

Après bien des efforts, je parvins à paffer le milieu de la riviere. Le courant alloit bientôt ceffer d'être fi rapide. Nous étions presqu'au bout de l'endroit où il avoit le plus de violence, lorsqu'il jetta notre radeau en travers sur un arbre qui se trouvoit près de nous à fleur d'eau. Le mouvement que je fis pour l'éviter, contribua à notre naufrage. La secousse fut si forte, que les liens de notre bâtiment se rompirent : les pieces de bois qui le composerent se séparerent : nous tombâmes dans l'eau, & nous nous serions infailliblement noyés, si je ne m'étois pas pris d'une main aux branches de cet arbre : je saisis en même temps, de l'autre, Madame Lacouture par les cheveux, au moment où elle plongeoit déja, prête à disparoître sans doute pour toujours. Le sommet de sa tête étoit seulement à fleur d'eau. Je la tirai avec précipitation ; elle n'avoit pas perdu connaissance : je lui criai de remuer les bras & les jambes pour m'aider à la soutenir.

L'endroit où nous étions étoit très-profond. Je la fis grimper sur le corps de l'arbre, dont je fis le tour à la nage. L'autre extrémité touchoit au bord, & cela me donna la facilité de l'y conduire : elle s'y assit. Je détachai les paquets de vivres que j'avois autour de moi, & que je mis à ses côtés. Je revins à la riviere pour voir si je découvrirois nos habits : ils s'étoient arrêtés aux branches de l'arbre où je les vis encore ; mais le mouvement de l'eau les en détachoit ; & au moment où je m'y jettois pour les aller chercher, le courant commençoit à les emporter. Je nageai après eux : j'eus le bonheur de les atteindre, & je les pouffai devant moi vers le rivage, où je les conduifis.

Mon premier foin fut de les porter à Madame Lacouture, qui les délia, en exprima l'eau, & les étendit au foleil, pendant que je préparois du feu pour les fécher plus promptement, & pour faire cuire encore quelques morceaux de notre tortue que nous avions apportée. Nous ne perdîmes rien dans notre naufrage. Nous ne regrettions pas notre radeau, qui, s'il nous avoit menés à l'autre bord, eut alors ceffé de nous être utile, & que nous aurions abandonné.

Après avoir pris un repas qui nous rétablit de notre fatigue, nous fimes sécher nos provisions. Ce soin nous prit toute la journée. Nous passâmes la nuit dans ce lieu, & le lendemain nous trouvant reposés & rafraîchis, nous nous remîmes en marche, cherchant toujours à nous rendre à Saint-Marc des Appalaches, nous orientant comme nous pouvions, & tremblant toujours de nous égarer. Les bois qui se trouvoient du côté de la riviere, n'étoient pas plus praticables; les bruyeres, les joncs étoient aussi désagréables & aussi dangereux: nos chauffures, nos bottines, nos eſpeces de gants & de maſques étoient uſés, l'eau qui les avoit mouillés, les avoit mis hors d'état de ſervir d'avantage : les ronces nous déchiroient ; les mouſtiques & les maringouins nous tourmentoient comme auparavant ; leurs morſures venimeuſes & continuelles avoient prodigieuſement enflé nos corps: nous trouvions encore moins de vivres que de l'autre côté : notre Negre & notre cayman furent notre unique reſſource.

Nous marchâmes pluſieurs jours avec toutes ces incommodités, qui augmentoient journellement : nous ſouffrions également du corps & de l'eſprit ; l'eſpérance conſolante ne venoit plus nous bercer de ſes chimeres;

res : nous étions dans un état affreux, & nous ressemblions plus à des tonneaux ambulans qu'à des hommes. Nous marchions pesamment, pouvant à peine mettre un pied devant l'autre, & nous relevant difficilement lorsque nous étions assis.

Madame Lacouture résista plus long-temps que moi : tant que j'avois eu quelques forces, j'avois ménagé les siennes, & je m'étois chargé de tous les soins pénibles : son esprit étoit aussi plus tranquille que le mien, parce qu'elle se reposoit de tout sur moi seul. J'avois eu jusqu'alors tous les embarras; mais il étoit temps de céder à de si longues infortunes.

Un jour, n'en pouvant plus,
L

abattu, voyant à peine, parce que les ampoules qu'avoient faites autour de mes yeux les insectes dont j'ai parlé, les avoient affoiblis, & les couvroient presque tout-à-fait, je m'étois jetté sur le rivage, sous un arbre, à une centaine de pas de la mer. Après m'être reposé pendant une heure, j'essayai de me lever pour continuer de marcher : cette entreprise étoit au-dessus de mes forces.

C'en est fait, dis-je à ma compagne, je ne puis aller plus loin; ce lieu-ci sera le terme de mon voyage, de mes infortunes & de ma vie : profitez des forces qui vous restent encore, pour tâcher de gagner un lieu habité: emportez avec vous nos provisions ; ne les consommez pas inutilement à m'attendre ici : je vois que le ciel ne veut pas que j'en sorte ; il m'en avertit par mon épuisement : le courage & la santé qu'il vous a conservés, montrent qu'il a d'autres vues sur vous : jouissez de ses bienfaits , & pensez quelquefois à un infortuné qui a partagé si long-temps vos malheurs, qui vous a soulagée autant qu'il a pu, & qui ne vous eût jamais abandonnée , s'il lui avoit été permis de vous suivre, & s'il avoit le pouvoir de vous être encore utile : cédons à la nécessité cruelle qui nous impose de si dures loix : partez, tâchez de vivre ; & lorsque vous aurez oublié, dans l'abondance, la disette que nous éprouvons, dites quelquefois : *J'ai perdu un ami dans les déserts de l'Amérique.* Vous vous retrouverez sans doute un jour avec des Européens ; les occasions des vaisseaux qui retournent dans ma patrie, ne vous manqueront pas : profitez-en pour me rendre un service, l'unique que je puisse souhaiter, & que j'attends de votre amitié : écrivez à mes parens le sort de l'infortuné Viaud ; apprenez-leur qu'il n'est plus, & qu'ils peuvent se partager les tristes débris de sa fortune, les employer comme ils le jugeront à propos, sans craindre que je reparoisse jamais pour les reclamer : dites-leur de me plaindre & de prier pour moi.

Madame Lacouture ne me répondit que par des larmes ; sa

sensibilité me toucha : c'est une consolation pour les malheureux de voir qu'ils excitent la compassion ; elle me prenoit les mains, les serroit avec tendresse : je tentai encore de la disposer à notre séparation ; je lui prouvai en vain qu'elle étoit nécessaire. Non, mon ami, me dit-elle, non, je ne vous quitterai pas ; je vous rendrai, selon mon pouvoir, les soins que je vous dois, & que j'ai reçus de vous si long-temps : prenez courage, vos forces peuvent revenir : si mon espérance est trompée, je ferai toujours à temps de m'exposer seule dans ce vaste désert, où je ne serois accompagnée que par mes craintes, où je croirois à chaque instant que le ciel enverroit contre moi des bêtes féroces, pour me déchirer & me punir de vous avoir laissé dans un moment où je pouvois vous être utile. A l'égard de nos provisions, nous tâcherons de les ménager : j'irai en chercher de fraîches sur le bord de la mer; peut-être en trouverai-je; elles vous seront plus salutaires. Je vais commencer dès-à-présent à vous servir; mais pour vous garantir des insectes dont vous avez peine à vous défendre, prenez ceci.

En me disant ces mots, elle détachoit un de ses jupons; elle n'en avoit que deux : à l'aide de mon couteau, elle le partagea en deux piéces, dont elle mit l'une sur mes jambes, & l'autre sur mes bras & sur mon visage; ce fut un grand soulagement pour moi : ils me garantirent en effet des piquures que je craignois. Ma compagne fit ensuite du feu, & alla vers la mer, d'où elle revint avec une tortue. J'imaginai que le sang de cet animal pourroit me soulager, en m'en servant à frotter mes blessures. Je l'essayai, & je conseillai à Madame Lacouture de faire comme moi : elle m'imita volontiers, car elle avoit la tête, le cou & les bras couverts des morsures des maringouins. Nous nous reposâmes ensuite ; mais ma foiblesse ne passa point : je me sentois si mal, que je ne doutois pas que ma mort ne fût très-prochaine.

Une grosse poule d'Inde que nous apperçumes alors, & qui

se retiroit dans un taillis qui n'étoit qu'à deux pas, nous fit penser qu'elle couvoit, & nous donna le desir de nous emparer de ses œufs. Madame Lacouture se mit en devoir d'aller les chercher; je n'étois pas en état de le faire moi-même; il m'étoit impossible de me remuer, & je demeurai couché auprès de mon feu.

Je restai seul & dans cette position pendant environ trois heures. Le soleil venoit de se coucher. J'étois dans une espece d'anéantissement stupide, sans mouvement, & presque entierement privé de l'usage de la raison. Je ne puis comparer mon état qu'à ce calme profond qui est entre le sommeil & la veille. Un engourdissement affreux avoit saisi mes membres appésantis : je ne sentois pas de douleur, mais un mal-aise général par-tout mon corps. Dans ce moment j'entendis des cris qui me tirerent de ma léthargie, & réveillerent mon attention. Je prêtai l'oreille : ils me parurent venir du côté de la mer, & je les pris pour ceux de quelques Sauvages qui s'approchoient & qui suivoient le rivage.

Grand Dieu ! m'écriai-je, est-ce la fin de mes peines que ces clameurs m'annoncent ? Avez-vous envoyé ces Sauvages à mon secours, ou viennent-ils m'arracher le foible reste de ma vie languissante ? Quoi que vous ordonniez, je me soumets ; frappez ou secourez-moi, ce sera toujours me délivrer de mes maux ; & dans l'un & l'autre cas, ma reconnoissance est égale.

Les mêmes cris se firent entendre à diverses reprises. Un rayon d'espoir vint luire dans mon ame. J'essayai de me lever pour me mettre sur mon séant, & je n'en vins pas à bout sans de violens efforts. Cette réflexion cruelle vint diminuer ma joie. Peut-être, pensai-je, les hommes que j'entends sont-ils sur la mer, dont ils côtoyent le bord dans leur canot ; peut-être vont-ils plus loin : ils ne me verront pas s'ils ne descendent à terre ; & si leur dessein n'est pas d'y descendre ici, que deviendrai-je ? Dans l'accablement où je suis, comment pourrai-je leur faire connoître qu'il y a dans ce lieu un être infortuné qui a besoin de leurs secours ?

Cette idée me désespéra : j'essayai de crier ; ma voix étoit éteinte. La crainte cependant de perdre l'unique ressource qui se fût présentée depuis si long-temps, me rendit une partie de mes forces ; je m'en servis pour me traîner sur mes genoux & sur mes mains, le plus près du rivage qu'il me fut possible. J'apperçus distinctement un gros canot qui descendoit le long de la côte, & qui ne m'avoit pas encore passé. Je me levai sur mes genoux, & prenant mon bonnet à la main, je fis des signes que j'étois forcé d'interrompre à chaque instant, parce que je ne pouvois me soutenir, & que je retombois sur le ventre. Combien ne regrettai-je point de n'avoir pas alors Madame Lacouture auprès de moi ! elle auroit pu gagner le bord de la mer, courir, crier, appeller au secours, & parvenir à se faire entendre ; mais elle étoit éloignée, & il falloit que les cris des gens qui étoient dans le canot ne fussent point allés jusqu'à elle, puisqu'elle n'étoit pas accourue.

A son défaut, je n'épargnai rien pour me faire voir. Une longue perche que je trouvai à côté de moi, me servit à élever mon bonnet, & un morceau du jupon que ma compagne d'infortune m'avoit laissé. Cette espece de drapeau flottant dans l'air, attira les regards de ceux qui conduifoient le canot. Je le connus aux nouveaux cris qu'ils pouſſerent, & au mouvement de leur bâtiment, qui ceſſa de deſcendre, & qui s'approcha vers le bord. Je plantai ma perche en terre, afin qu'ils ne perdiſſent pas de vue mon ſignal, & je me laiſſai aller ſur le ſable, où je me couchai tout de mon long, fatigué des efforts que je venois de faire, mais conſolé par la certitude d'une prochaine délivrance, & en remerciant le ciel des bienfaits qu'il daignoit m'accorder.

En conſidérant attentivement le canot, j'avois obſervé que les hommes qui le montoient étoient habillés. Cette obſervation qui me convainquit que j'avois affaire à des Européens, & non à des

Sauvages, me délivra de toutes les inquiétudes que l'abord des premiers n'auroit pas manqué de me caufer encore. En attendant mes libérateurs, je tournai mes regards du côté de mon feu; je cherchai Madame Lacouture; j'étois impatient de la voir, pour lui annoncer le bonheur qui nous arrivoit, & le lui faire partager; je n'en pouvois bien goûter l'étendue fans elle. Les foins tendres qu'elle prenoit de moi, fa réfolution de ne point m'abandonner, avoient refferré l'amitié qui m'uniffoit à elle, & que nos infortunes communes avoient fait naître. Je ne l'apperçus point, & ce fut le feul chagrin que j'éprouvai dans ce moment; mais il m'affecta foiblement, parce que sa félicité n'en seroit pas moins réelle, & qu'elle ne seroit différée que de très-peu d'instans : elle ne pouvoit effectivement tarder à revenir; il se faisoit tard, & la nuit n'étoit pas éloignée.

Les personnes dont j'attendois tout désormais, arriverent en ce moment. L'excès de ma joie, en les voyant si près de moi, faillit à m'être funeste ; elle m'occasionna un saisissement si violent, que je fus pendant quelques minutes sans répondre à leurs questions, & sans pouvoir proférer une parole. Une goutte de taffia qu'ils me donnerent, me fortifia & me mit en état de leur témoigner ma reconnoissance, & de leur dire un mot de mes malheurs. Ils virent au premier abord tout le danger de ma situation : ils eurent le ménagement de ne pas m'obliger à parler ; & moi, satisfait de voir des Européens, jugeant à la maniere dont ils s'exprimoient dans ma langue, qu'elle ne leur étoit pas naturelle, je ne songeai point à leur demander de quelle nation ils étoient ; cette connoissance en vérité, m'importoit peu : il me suffisoit de voir que j'étois avec des hommes, & que je pouvois compter sur eux.

Je les priai de vouloir bien crier encore, & de chercher du côté du taillis qui étoit devant nous, pour se faire entendre à Madame Lacouture, dont la longue absence commençoit à m'inquiéter. Un moment après je n'eus plus rien à desirer, elle parut : je la vis courir à moi de toutes ses forces : elle avoit attrapé la poule d'Inde & son nid qu'elle nous apporta. Ma bonne amie, lui dis-je, ces provisions arrivent fort à propos; nous allons les partager avec ces Messieurs que le ciel amene à notre secours. Réjouissez-vous : la fortune ne vous abandonne point, & votre compassion pour moi n'est pas sans récompense.

Comme la nuit étoit venue, il fut inutile de songer à s'embarquer avant le lendemain. J'appris alors que nous tenions le 6 du mois de Mai : car jusqu'alors je n'avois pas été sûr de la plupart des dates. Nous nous rendîmes tous auprès de mon feu, où mes libérateurs se donnerent la peine de me porter. Nous mangeâmes notre poule d'Inde & ses œufs : on y joignit quelque viande fumée, & quelques verres de taffia.

Notre repas fut un des plus gais que j'eusse fait depuis mon naufrage. Le contentement de l'esprit contribue au soulagement du corps. Je sentis revenir mes forces. Mes hôtes m'apprirent qu'ils étoient Anglois : leur Chef étoit un Officier d'Infanterie au service de Sa Majesté Britannique; il s'appelloit M. Wright. Je l'entretins pendant le souper d'une partie des aventures de Madame Lacouture & des miennes. Je le vis frémir plusieurs fois des miseres affreuses que nous avions essuyées. Lorsque je lui parlai de la nécessité qui nous avoit contraints à chercher dans mon malheureux Negre une nourriture que la nature entiere nous refusoit dans ce désert, il voulut voir cet horrible mets : la curiosité l'engagea à en porter un morceau à sa bouche : il le rejetta sur le champ avec une horreur inexprimable, & il nous plaignit d'avoir été réduits à un aliment aussi dégoûtant.

J'observerai, en passant, que comme il n'y avoit que l'Officier & un Soldat qui parloient françois, & que tous les autres ayant témoigné le desir d'entendre mon histoire, j'avois été contraint de la faire en Anglois ; comme j'avois été fait deux fois prisonnier pendant la derniere guerre, j'avois eu occasion d'apprendre cette langue; elle me fut d'une grande ressource quelque temps après; & dans ce moment elle me concilia l'affection de mes libérateurs.

Lorsque j'eus fini mon récit, je demandai à mon tour à M. Wright à quel heureux hasard nous devions sa rencontre. Il me répondit qu'il étoit du détachement de Saint-Marc des Appalaches, commandé par M. Sevettenham; que quelques jours auparavant, un Sauvage ayant rapporté qu'il avoit trouvé sur la côte un homme mort, dont le reste des vêtemens qui le couvroient, annonçoit que c'étoit un Européen, & qu'il lui manquoit le ventre & le visage, qui paroissoient avoir été dévorés par les bêtes farouches, M. Sevettenham l'avoit détaché avec quatre Soldats & son Interprête, pour courir la côte dans un canot, & ramasser les malheureux qui pourroient s'y trouver en état de profiter de ses secours. Il ajouta que son Commandant qui avoit remarqué la constance du mauvais temps, avoit soupçonné que quelque bâtiment avoit fait naufrage, & qu'il craignoit que ce n'en fût un qu'il attendoit de Passacole, chargé de vivres pour sa troupe.

Je ne doutai pas que ce cadavre apperçu par le Sauvage, dont le rapport avoit occasionné le voyage de M. Wright, ne fut celui du malheureux M. Lacouture, ou de M. Desclau, mon associé. Tous deux s'étoient noyés sans doute ; l'un avoit pu être emporté au milieu de la mer & dévoré par les caymans, & l'autre jetté sur la côte : tout sert à m'en convaincre, puisqu'on n'en a reçu aucune nouvelle depuis ce temps.

Après nous être entretenus ainsi pendant quelques heures, nous nous abandonnâmes au sommeil : il fut bientôt interrompu par un orage affreux qui s'éleva: la pluie, le vent, le tonnerre & les éclairs ne cesserent pas un instant du reste de la nuit ; ils incommoderent beaucoup les Anglois ;

mais Madame Lacouture & moi, nous y étions accoutumés depuis long-temps; & cette nuit ils nous furent encore moins insupportables, à cause du secours dont nous étions assurés, & que nous possédions déja. Le sentiment de nos infortunes n'étoit plus si vif, depuis que nous en appercevions la fin. Notre foiblesse, nos blessures sembloient nous faire moins souffrir, & nous commencions même à les regarder comme des accidens passagers qui se termineroient bientôt à l'aide d'un peu de soin & de repos.

Le jour naissant vit diminuer l'orage qui se dissipa entierement au lever du soleil : nous ne songeâmes plus qu'à nous embarquer. J'avois repris un courage qui me soutenoit assez pour me permettre de me rendre sans secours jusqu'au canot; mais M. Wright ne le voulut pas permettre; il eut l'attention de m'y faire porter. Je vous félicite de reprendre des forces, me dit-il; mais il ne faut pas en abuser : ménagez-les, vous aurez le temps & l'occasion d'en user. Madame Lacouture m'accompagna à pied : elle me regardoit pendant le chemin avec une joie brillante & naïve. Voyez, me dit-elle, si j'ai eu tort de vous résister & de rester auprès de vous: nous revenons tous les deux à la vie, & nous pouvons en jouir sans trouble & sans remords. Ah! lui répondis-je, je ne me serois jamais consolé de vous avoir pressée de me fuir, si le secours m'étoit m'étoit venu sans que vous en pussiez profiter.

Nous entrâmes tous dans le canot, où j'achevai de me reposer. M. Wright songea à achever de remplir sa mission. Il avoit déja parcouru plusieurs Isles; il lui en restoit une à visiter avant de retourner à Saint-Marc des Appalaches. Il y dirigea son canot : nous y arrivâmes après douze heures de navigation par un vent favorable. Je la reconnus pour celle d'où nous étions partis, Madame Lacouture & moi, & dans laquelle nous avions laissé son fils. Les malheurs que j'avois essuyés depuis notre départ, ne m'avoient gueres permis de songer à lui. Mon retour dans cette

Isle le rappella à mon souvenir : je ne pus m'empêcher de donner encore quelques larmes à son fort. Au milieu de mes regrets, je me rappellai qu'il n'étoit pas encore mort lorsque je l'avois quitté. Cette idée m'agita : celle qu'il pouvoit vivre encore, & recevoir quelques secours, me frappa : en vain la raison la rejettoit comme une chose impossible; je ne pus m'empêcher de souhaiter de m'assurer de son état.

Nous voguions toujours dans le dessein de faire le tour de l'Isle. Nos Soldats, pendant ce temps, crioient de toutes leurs forces par intervalles, afin de se faire entendre ; personne ne leur répondoit. Ce silence ne calma ni mes inquiétudes, ni mon agitation secrette. Le malheureux jeune homme pouvoit entendre ces cris, & être hors d'état de faire entendre les siens. Je pensai à ma situation sur la côte, lorsque les Anglois s'en étoient approchés. Celle de Lacouture, s'il vivoit, devoit être encore plus déplorable. Je ne pus résister plus long-temps à l'impatience de m'éclaircir. Je fis part de mes aventures & de mes soupçons à M. Wright. Cet Officier me fit quelques représentations sur le peu d'utilité d'une recherche de cette espece, qui vraisemblablement ne feroit que nous retarder sans fruit. Cependant son humanité l'empêcha d'insister : il voulut bien s'arrêter, & il envoya un Soldat à terre, avec ordre de voir en quel état étoit le jeune homme.

Le Soldat revint un demi-quart d'heure après, nous annoncer qu'il l'avoit vu, & qu'il étoit mort. M. Wright lui ordonnoit déja de se rembarquer, lorsque je m'approchai de lui. Vous me trouverez indiscret sans doute, lui dis-je; mais j'ai une nouvelle grace à vous demander. Ce jeune homme m'étoit cher : sa fermeté seule nous a fait sortir de cette Isle, sa mere & moi. Je lui dois de la reconnoissance ; elle ne peut éclater que foiblement ; mais que je fasse ce que je puis : permettez-moi de lui rendre les derniers devoirs ; accordez-nous le temps de l'enterrer.

M. Wright étoit la politesse & la complaisance même. Il consentit encore à me donner cette satisfaction. Il commanda à tout son monde de débarquer & de me porter auprès du mort. Nous nous y rendîmes tous. Madame Lacouture voulut aussi être présente à ce pieux office. Mon fils infortuné, s'écria-t-elle en soupirant, a suivi son pere au tombeau; sa mere lui survit: le secours qui m'arrive commence à m'être moins cher, puisque je ne puis le partager avec lui.

Nous arrivâmes auprès de ce malheureux jeune homme: il étoit couché sur le ventre, le visage contre terre: son corps étoit d'un rouge hâlé; il sentoit déja mauvais, ce qui nous fit présumer qu'il étoit mort depuis quelques jours. Il avoit des vers autour de ses jarretieres : c'étoit un spectacle hideux & dégoûtant dont mon cœur étoit pénétré. Je me mis en priere pendant que les Soldats creusoient sa fosse : dès qu'elle fut faite, ils vinrent le prendre pour l'y jetter. Quelle fut leur surprise ! quelle fut la mienne & celle de sa mere, lorsque nous apperçûmes que son cœur battoit encore ! au moment où l'un des Soldats s'avançoit pour le prendre par la jambe, nous la lui vîmes retirer. Dans l'instant nous nous empressâmes de lui donner tous les secours qui étoient en notre pouvoir. On lui fit avaler un peu de taffia avec de l'eau : on se servit du même mélange pour laver les plaies qu'il avoit sur les genoux, & d'où nous tirâmes plusieurs vers qui les avoient peut-être faites, & qui servoient à les envenimer.

Madame Lacouture, immobile d'étonnement, passoit tour à tour de la crainte à la joie, voyant son fils qu'elle avoit cru mort, respirant encore, & se défiant de ses yeux. Cela est-il possible, s'écrioit-elle, dans une espece de délire ? Au nom de Dieu, ne m'en imposez pas ; assurez-moi de ce qui en est ; craignez de me donner une fausse espérance, qui rendroit ma douleur plus vive, si je la voyois trompée.

Après avoir dit ces mots, elle

couroit à son fils, l'examinoit ; nous regardoit ensuite, & cherchoit à lire sur nos visages ce que nous pensions de son état. Un moment après, elle retournoit à lui, le prenoit dans ses bras, cherchoit à le réchauffer par ses baisers. Nous fûmes obligés de la forcer à s'en éloigner, parce qu'elle nous troubloit dans tous les soins que nous lui donnions. J'étois incapable d'en offrir beaucoup. Je la priai de s'asseoir auprès de moi, & je l'entretins de tout ce qui pouvoit la flatter. Elle m'écoutoit avec inquiétude ; à chaque instant ses yeux se tournoient du côté de son fils : elle se levoit avec précipitation ; j'étois contraint de ranimer mes forces pour l'arrêter.

Un moment, lui difois-je, laiffez agir ces généreux Anglois, ne les interrompez point ; notre vivacité leur feroit nuifible. Je le vois, me répondit-elle ; je vais vous obéir... je demeure. Et un inftant après, elle tentoit de m'échapper. Je l'exhortois à la patience ; je lui renouvellois mes repréfentations ; je lui rappellois qu'elle m'avoit promis de refter tranquille. Je le fais, je l'ai promis, je dois l'être ; mais, mon cher Viaud, je ne fuis pas maîtreffe de moi : je ferois raffurée, fi je le voyo's un inftant, un feul inftant... Pourquoi me retenez-vous ?... Que vous êtes cruel ! Ah ! fi vous faviez ce que c'eft d'être mere !... Avez-vous jamais eu un fils ?. Et fans atten-

M v.

dre ma réponſe, elle me faiſoit de nouvelles queſtions, me demandoit ce que je penſois de cette aventure, ſi j'eſpérois que ſon enfant pût vivre, n'écoutoit point ce que je lui répondois, & continuoit à eſſayer de me quitter.

Enfin M. Wright vint à nous, & nous dit qu'il avoit repris le ſentiment, qu'il ouvroit les yeux, qu'il pleuroit, qu'il regardoit tout ce monde qu'il ne connoiſſoit pas, & qu'il demandoit ſa mere, qu'il m'appelloit auſſi. Nous nous tranſportâmes auprès de lui ; il nous reconnut. C'eſt vous, nous cria-t-il d'une voix languiſſante ! Eſt-il poſſible que vous ſoyez encore ici !... Je ne vous ai pas vus pendant quelque temps... où étiez vous donc?

Ce n'étoit pas le moment d'entrer dans des explications. Nous lui dîmes que nous venions le délivrer de ses miseres, & nous l'exhortâmes à prendre courage. On le fit transporter dans le canot; on m'y conduisit aussi: je le fis coucher sur les habits de quelques soldats qui consentirent à les prêter: je le couvris avec d'autres, & je me chargeai d'en avoir soin pendant la route. Sa mere ne le quitta pas d'un instant, & j'eus toutes les peines du monde à l'empêcher de se livrer à sa tendresse babillarde, & à ses caresses fatiguantes.

Comme il étoit tard, nous ne fimes pas beaucoup de chemin. Nous nous rendîmes à l'autre extrêmité de l'Isle, où nous débarquâmes pour y passer la nuit. Deux de nos soldats chasserent, & eurent le bonheur de tuer trois outardes grasses qui nous procurerent un bon souper. Le jeune homme prit quelques nourriture, & dormit toute la nuit. Le lendemain il se trouva mieux, c'est-à-dire qu'il reprit entierement connoissance. Il ne put cependant nous rendre compte de ce qu'il avoit fait depuis notre départ. Il nous apprit seulement qu'il s'étoit trouvé mal plusieurs fois, & que lorsqu'il reprenoit connoissance, il se sentoit un grand besoin de boire & de manger. L'eau & les provisions que nous avions mises auprès de lui, lui furent d'un grand secours. Il étoit si foible, qu'il se traînoit sur les huîtres qu'il ramassoit avec la bouche pour les manger. Il ignoroit absolument le temps qu'il avoit passé seul dans cette situation. Il croyoit que nous n'étions point partis, & que nous avions trouvé sur le champ le secours dont il avoit profité.

Nous nous gardâmes bien de le détromper alors; mais la maniere dont il avoit vécu jusques-là, ne nous en parut pas moins inconcevable. Si on nous l'eût raconté, nous ne l'aurions pas cru; & tout en effet se réunit pour rendre ce fait incroyable. Nous étions sortis de l'Isle le 19 Avril, & c'étoit le 7 Mai que nous y étions revenus; cela faisoit dix-neuf jours, pendant lesquels il avoit vécu. Comment avoit-il pu se soutenir si long-temps sans miracle? Nous y vîmes le doigt de Dieu, Madame Lacouture & moi. Elle se jetta à genoux : Grand Dieu! s'écria-t-elle, tu as conservé mon fils... tu me l'as rendu... daigne ne pas me l'ôter ! Acheve ton ouvrage... Accorde-moi, dès ce monde, ce dédommagement de mes souffrances... Et si tu veux l'attirer à toi, si tu ne me l'as montré que pour me l'enlever tout-à-fait... donne-moi la force de soutenir ce dernier malheur, ou précipite-moi dans son tombeau.

Je joignis mes vœux aux siens, & j'osai tout espérer. Nous nous embarquâmes le même jour pour Saint-Marc des Appalaches : le vent nous fut très-favorable. Cette traversée se fit heureusement, & je me convainquis par mes observations, que sans les Anglois, nous n'aurions jamais pu nous y rendre. La partie de la côte où l'on nous avoit trouvés, n'en est éloignée que de quinze lieues, en s'y rendant par mer, mais la distance est bien plus considérable par terre, à cause des sinuosités que forme le rivage : on peut l'évaluer à plus du double. Comment aurions-nous pu arriver à Saint-Marc ? Comment aurions-nous traversé plusieurs rivieres très-larges qui se trouvoient sur notre route, & dont je vis, en passant, les embouchures qui m'annonçoient assez leur largeur, leur profondeur, & la rapidité de leurs cours ? Que d'obstables insurmontables à notre foiblesse ! Combien de fois il eût fallu nous écarter de notre chemin pour remonter ces rivieres, par des déserts inconnus, en cherchant un gué ou un passage sans danger ! De combien ces détours auroient augmenté le nombre des lieues que nous avions à faire ! C'est ce qu'il est possible d'évaluer. La seule chose qui est sûre, c'est que nous n'aurions jamais réussi, & que nous serions morts à la peine.

Le même jour 8 Mai nous arrivâmes à sept heures du soir à S. Marc des Appalaches. M. Sevettenham nous reçut avec beaucoup d'humanité. Il commença par me faire porter chez lui, & il envoya

Madame Lacouture & son fils chez le caporal de son détachement. Il ordonna en même temps à son Chirurgien de nous donner tous les secours de son art. Il poussa la bonté jusqu'à partager son lit avec moi, en me faisant prendre un de ses matelas. Il fit porter aussi des draps à Madame Lacouture. Il n'oublia aucun des soins qui pouvoient nous soulager, & dont nous avions un si grand besoin.

Notre bonheur nous fit tomber entre les mains d'un homme bienfaisant, & nous ne tardâmes pas à en éprouver les heureux effets. Que serions-nous devenus, si nous avions trouvé un Officier moins sensible, qui croyant avoir satisfait à l'humanité, en nous tirant de notre désert, nous auroit laissé le soin de chercher par nous-mêmes les autres secours qui nous étoient nécessaires?

Il étoit temps que nous trouvassions un terme à nos souffrances : elles avoient commencé d'une maniere terrible le 16 Février 1766, que nous avions fait naufrage : elles avoient duré quatre-vingt-un jours, jusqu'au 7 Mai. Que ce temps nous avoit paru long! Par combien d'épreuves horribles avions-nous passé! Quel homme peut dire qu'il a été plus malheureux! Il n'est pas étonnant que de si longues infortunes eussent épuisé notre tempérament : il l'est sans doute davantage que nous y ayons résisté

& que nous nous soyons rétablis. Mais notre guérison fut pendant quelques jours incertaine. Nous enflâmes prodigieusement. Le Chirurgien qui nous soignoit, désespéra d'abord de notre vie : ce ne fut que par des alimens bien nourrissans, & en très-petite quantité, qu'il parvint à réparer les ravages qu'avoit fait sur nous le manque de nourriture, ainsi que sa mauvaise qualité. Il réussit à nous guérir, à ressusciter le jeune Lacouture, dont le mal étoit sans contredit le plus dangereux. Il eut beaucoup moins de peine à rétablir sa mere.

Je demeurai treize jours dans le Fort. Pendant ce temps, j'appris par un chef de Sauvages, qui vint apporter des lettres à M. Sevettenham, de la part de l'Officier Anglois qui commandoit à Paſſacole, des nouvelles du perfide Antonio, & des matelots qui étoient reſtés derriere nous dans l'Iſle où il nous avoit tous conduits. Ces infortunés, après avoir attendu vainement le retour de ce Sauvage, avoient ſurpris pendant leur ſommeil, ſa mere, ſa sœur & ſon neveu, & les avoient maſſacrés. Ils s'étoient emparés enſuite de leurs armes à feu, de leur poudre, & d'une petite pirogue. Comme ce bâtiment ne pouvoit contenir que cinq perſonnes, ils avoient tirés au ſort quels ſeroient ceux qui s'embarqueroient, & ceux qui reſteroient à terre. Trois furent contraints d'attendre dans ce lieu une meilleure fortune, & virent avec douleur le départ de leurs compagnons. Deux jours après, Antonio revint pour prendre le reste de nos effets, & les emporter chez lui. Il vengea sur eux la mort de ses parens, & les tua les uns après les autres à coups de fusil. De retour dans son village, il se vanta de cette expédition. C'est par ce moyen que le chef des Sauvages en fut instruit, & qu'il me l'apprit. Je n'ai jamais pu savoir ce qu'étoient devenus les cinq qui s'étoient embarqués dans la pirogue. Tout sert à me persuader que de seize personnes avec lesquelles j'avois entrepris ce funeste voyage, nous ne sommes réchappés que trois.

Après un séjour d'environ treize

jours à Saint-Marc des Appalaches, & me trouvant une meilleure santé, & n'ayant plus besoin que de la fortifier, je songai à quitter ce Fort; & comme il s'en présenta une occasion, je résolus d'en profiter sur le champ, dans la crainte de n'en pas trouver d'autres de long-temps. Il y vient très-rarement des bâtimens; on y reste quelquefois des six mois entiers sans en avoir. J'avois été prévenu qu'il devoit partir le 21 un bateau pour Saint-Augustin. Je me déterminai à m'y embarquer. Je pensai que je serois plus à portée de me procurer dans cette Ville les secours nécessaires à ma situation, que dans un poste aussi reculé que celui de Saint-Marc, où je ne pouvois d'ailleurs demeurer plus long-temps, sans diminuer les provisions du Commandant, & les vivres de la garnison.

Madame Lacouture m'auroit suivi bien volontiers; mais son fils n'étoit pas encore en état de faire le voyage, & elle ne voulut pas l'y exposer. Comme elle étoit de la Louisiane, où ses parens étoient établis, elle préféra de s'y rendre. On l'avoit assurée qu'elle en trouveroit l'occasion à la fin du mois suivant, & que son fils pourroit alors faire ce voyage sans péril. Nous nous séparâmes avec regret. L'habitude d'errer & de souffrir ensemble, nous avoit unis d'une amitié tendre : l'infortune en avoit formé les liens : les secours que nous nous étions prêtés réciproquement les avoient resserrés. Isolés pendant long-temps aux milieu des vastes déserts de l'Amérique, nous n'avions trouvés de soulagemens, d'encouragemens, de consolations que dans nous-mêmes. Le plus grand malheur que nous redoutions, étoit d'être séparés. La solitude eût alors paru affreuse au survivant. Le besoin & l'intimité nous attachoient l'un à l'autre. Le temps étoit enfin venu où il falloit nous quitter : la raison, les circonstances qui avoient changé, nous en faisoient un devoir; nous le remplîmes en gémissant : mais nous étions accoutumés à céder à la nécessité; elle nous entraînoit dans des climats différens. Ce qui nous consoloit c'est c'est que nos malheurs étoient finis, & que nous n'avions aucun sujet d'inquiétude sur le sort l'un de l'autre.

Nos adieux furent touchans : nous ne pûmes nous empêcher de verser des larmes : nous nous promîmes de ne point nous oublier. Son fils, qui dans ce moment étoit dans son lit, se joignit à nous : il se leva, & se mettant à genoux, il cria : Mon Dieu, conservez celui qui m'a rendu ma mere, qui m'a rappellé moi-même à la vie ; récompensez-le de ces deux bienfaits, & daignez m'acquitter envers lui.

Cette effusion d'un cœur honnête & sensible m'attendrit encore davantage, je l'embrassai avec transport, en lui disant que j'é-

N

tois trop payé par ſes ſentimens, qu'il ne me devoit rien ; que ſi j'avois eu le bonheur d'être utile à ſa mere, ſes ſecours ne m'avoient pas moins ſervi ; qu'à ſon égard, j'avois fait mon devoir, & qu'en contribuant à le tirer de l'Iſle, je ne me flattois point d'avoir expié la barbarie que j'avois eue de l'y abandonner.

Toutes les fois que je ſongeois à l'état où je l'avois trouvé, j'avois horreur de moi-même, & je me félicitois de l'idée que j'avois eue de le faire chercher à terre, & enſuite de l'inhumer. Je frémiſſois, en penſant qu'il ne ſeroit plus, ſi lorſque le Soldat étoit venu nous dire qu'il étoit mort, nous avions continué notre route.

Je quittai enfin Madame Lacouture, & j'allai faire mes remercimens à M. Sevettenham & à M. Wright. Ils ne voulurent point m'entendre parler de reconnoissance ; ils m'embrasserent d'une maniere qui l'augmenta. Ils m'accompagnerent au bâtiment, où je vis qu'ils avoient déja fait transporter toutes les provisions dont j'avois besoin pour mon voyage : tous deux me recommanderent au Capitaine, de la maniere la plus pressante, & se firent promettre qu'il auroit les plus grands égards pour moi, & qu'il me rendroit tous les services qui dépendroient de lui : ils se chargerent même de ma reconnoissance ; ils m'embrasserent de nouveau. M. Sevettenham me remit ensuite un paquet pour le Gouverneur de S. Auguſtin, & il me donna un certificat de la ſituation dans laquelle M. Wright nous avoit trouvés, Madame Lacouture & moi, & enſuite ſon fils (*q*). Ces deux Officiers s'éloignerent enfin, & me laiſſerent pénétré d'admiration & de reconnoiſſance pour leurs procédés.

Mon voyage de Saint-Marc des Appalaches à Saint-Anguſtin, dura vingt-quatre jours. Je n'entrerai pas dans des détails; je me contenterai de vous dire que la premiere choſe que fit le Pa-

_____

(*q*) On trouvera la traduction de ce certificat à la fin de cette Relation. Je l'avois demandé à mon arrivée à Saint-Marc; M. Severtenham l'avoit préparé, & il me le donna à mon départ.

tron du bateau, fut d'oublier les recommandations de M. Sevettenham. Il eut pour moi des manieres extrêmement brutales, auxquelles je n'avois pas lieu de m'attendre, & dont je n'ai jamais connu le motif. Elles me rendirent ma traverſée fort déſagréable, & me firent trouver le chemin bien long. J'eus auſſi le malheur de manquer d'eau, & le Capitaine eut la dureté de m'en refuſer. Cette privation d'une liqueur ſi néceſſaire à un convaleſcent, faillit à m'occaſionner une rechute très-dangereuſe; & j'aurois fait ſans doute une maladie conſidérable, ſi nous n'avions pas été ſur la fin de notre route.

J'arrivai le 13 Juin à Saint-Auguſtin. Le bateau mouilla à

la barre. Le canot du Pilote me débarqua fur le rivage, où un Caporal vint me prendre. Il me conduifit chez M. Grant, qui commandoit dans ce lieu, & à qui je remis le paquet de M. Sevettenham. Si j'avois eu lieu de me louer de cet officier, je n'éprouvai pas moins de bontés de la part de M. Grant. Il ne voulut point me laiffer fortir du gouvernement : il y fit arranger une chambre & un bon lit pour moi. Son chirurgien vint me vifiter par fon ordre. J'avois quelques ulcères à la gorge, occafionnés par le manque d'eau : une partie de mon corps avoit recommencé à enfler. Les foins qu'on prit de moi firent enfin difparoître tous ces symptômes. Le 7 Juillet je me trouvai en état de sortir & de me promener par la Ville. C'est à la générosité de M. Grant que je dois la conservation de la vie, que M. Wright & M. Sevettenham m'avoient rendue. Je ne puis penser, sans attendrissement, aux bontés que les uns & les autres ont eues pour moi, & qu'un étranger innonnu n'avoit guères droit d'attendre : mais j'étois malheureux, & c'en étoit assez pour exciter leur sensibilité bienfaisante.

Je demeurai chez M. Grant jusqu'au 21 Juillet, que je partis pour la nouvelle Yorck. Je n'oublirai jamais la maniere dont le généreux Gouverneur couronna ses bienfaits. Il eut la complaisance de faire venir le Capitaine du bateau, auquel il me recommanda : il lui donna trente-sept fchellings pour mon paffage ; & après avoir choifi lui-même les provifions qu'il me falloit pour mon voyage, il les fit embarquer avec quelques rafraîchiffemens particuliers, & pourvut ainfi au commode & au néceffaire. Il fit porter auffi une petite malle remplie de linge & d'habits pour mon ufage, dont j'avois auffi grand befoin. Lorfque j'allai lui témoigner ma reconnoiffance & lui dire adieu : Ne parlons point de cela, me répondit-il ; vous avez fouffert : j'ai fait ce que je voudrois qu'on fît pour moi, fi je me trouvois jamais à votre place. Mais ce n'eft pas affez, ajouta-t-il, vous ne devez pas être en argent, & cependant il en faut un peu.

Vous trouverez de l'emploi à la nouvelle Yorck, je pense que vous ne vous attendez pas à en avoir en arrivant; quelques jours peuvent s'écouler; pendant ce temps vous aurez des besoins : dix guinées peuvent vous être utiles; j'espere qu'il ne vous en faudra pas davantage : les voilà.

M. Grant me les mit alors dans la main. La maniere dont elles m'étoient offertes, la bonté avec laquelle on me prévenoit, me pénétrerent. Je voulus balbutier un remerciment; ma sensibilité étoit trop vive : un sentiment profond s'exprime toujours difficilement. M. Grant m'embrassa : c'est une bagatelle, me dit-il, & vous êtes trop sensible; vous m'affligerez si vous m'en parlez : faites comme moi, oubliez tout cela; je ne m'en souviens déja plus.

Je fus forcé de me taire; mais mon cœur & mes yeux se firent entendre. On vint m'avertir alors qu'on n'attendoit plus que moi pour partir, & je quittai mon bienfaiteur avec le plus vif regret.

Après quatorze jours de traversée, sous la conduite d'un Capitaine plus honnête que le premier, & qui n'auroit pas eu pour moi moins d'attention ni moins d'égard, quand même je ne lui aurois pas été recommandé par le Gouverneur de Saint-Augustin, j'arrivai à la nouvelle Yorck. Nous étions au 3 Août. Je fis connoissance avec des François établis dans cette Ville, & qui touchés de mes infortunes, m'offrirent tous leurs secours. Ils me présenterent le 7 du même mois à M. Dupeystre, l'un des plus riches Négocians de cette Ville qui m'offrit généreusement de l'emploi; mais après avoir écouté le récit de mes traverses inouies; il ne seroit pas prudent à vous, me dit-il, de songer à vous occuper de quelque temps : un long repos vous est nécessaire après tout ce que vous avez souffert; & pour le rendre plus salutaire, il faut que vous soyiez délivré de toute inquiétude sur le présent & sur l'avenir. Il vous faudra aussi des soins & des remedes : tout cela me regarde. Dès ce jour vous devenez mon hôte; vous trouverez dans ma maison, une bonne chambre, un bon lit, une table abondante & faine. Lorſque je vous verrai tout-à-fait rétabli, je ne vous empêcherai pas de chercher de l'occupation, & je vous en procurerai moi-même. Ces arrangemens vous conviennent, ajouta-t-il, en me prenant la main; & ſur le champ il donna des ordres pour qu'on préparât mon appartement, & que je ne manquaſſe de rien.

Je ne vous parlerai point de la reconnoiſſance que ces procédés m'inſpirerent. Depuis que j'étois ſorti de la côte déſerte, où j'étois expirant, je n'avois trouvé que des ames honnêtes, ſenſibles & généreuſes. En eſt-il beaucoup comme celles-là?

Qu'elles m'ont dédommagé de mes malheurs! C'est à eux que je dois leur connoissance.

Pendant que mes jours s'écouloient tranquillement dans la maison de M. Dupeystre, j'écrivis à ma famille que je vivois encore, & que j'avois éprouvé pendant quatre-vingt-un jours des peines inexprimables. C'est cette lettre qu'on vous a montrée, & dont les détails n'ont pas satisfait votre amitié. Je me servis de l'occasion d'un vaisseau qui partoit pour Londres. Ignorant si mon séjour feroit bien long à la nouvelle Yorck, je ne demandai point de réponse, me réservant de donner une adresse sûre, lorsque je saurois ma véritable destination.

M. Dupeystre me retint chez

fui jufqu'au mois de Février 1767, qu'il me propofa de conduire à Nantes le Senau *le Comte d'Eſtaing*. Je partis en conféquence le 6 Février, & je fuis arrivé à bon port le 27 du même mois. Mon Senau étoit à l'adreffe de M. Walch, que j'ai trouvé auffi fenfible à mes malheurs que M. Dupeyftre fon Correfpondant. C'eft de Nantes que j'ai encore écrit à ma famille; c'eft dans cette Ville que j'ai reçu fes réponfes & votre lettre. Vous me demandiez le récit détaillé de mes infortunes : je n'ai rien pu refufer a l'amitié; j'ai employé le loifir que m'ont laiffé mes affaires, à les tracer fur le papier. Je ne doute pas que cette trifte Relation ne vous attendriffe, &

ne vous fasse plaindre le sort de votre ami. Puisse l'empressement avec lequel je me suis hâté de répondre à vos desirs, vous convaincre de plus en plus de l'attachement que je vous ai voué pour la vie, & de l'importance que j'attache au retour le plus tendre de votre part !

FIN.

TRADUCTION du Certificat donné par M. SEVETTENHAM, Commandant du Fort Saint-Marc des Appalaches, à M. VIAUD.

JE soussigné, Georges Sevettenham, Lieutenant au service de Sa Majesté Britannique, en son neuvième Régiment d'Infanterie, & Commandant au Fort Saint-Marc des Appalaches, certifie que sur l'avis d'un Sauvage, qui me dit avoir vu un corps mort sur le sable, à environ quarante milles du Fort S. Marc, ayant de fortes raisons de soupçonner que quelque bâtiment avoit péri dans ces mers, craignant que ce n'en fût une que j'attendois depuis plusieurs jours, & dont je ne recevois aucune nouvelle, j'ai détaché quatre Soldats & mon Interprête, sous la conduite de M. Wright, Enseigne dans le même Régiment, pour visiter la côte, & secourir les infortunés qui pouvoient y avoir fait naufrage. M. Wright à son retour m'a présenté le sieur Viaud, François, & une femme, qu'il a trouvés sur une côte déserte, tous deux dans une situation déplorable, & presque mourans de faim, n'ayant que quelques huîtres, & le reste d'un Negre qu'ils avoient tué pour conserver leur vie. Le sieur Viaud m'a dit qu'il étoit Capitaine de

Navire & Officier bleu au service du Roi; qu'un Sauvage qu'il avoit rencontré, & qui lui avoit promis de le mener ici à Saint-Marc, lui avoit enlevé ce qu'il avoit sauvé du naufrage, & s'étant enfui pendant la nuit dans son cannot, l'avoit abandonné dans une Isle déserte. M Wright m'a presenté encore un jeune homme, fils de la Dame qui etoit avec le Sieur Viaud, qu'il avoit trouvé sur une Isle, dans un état plus triste, qui vraisemblablement sans son secours, n'auroit pu vivre plus d'une demi-journée sans nourriture, & qui avoit perdu le mouvement & la connoissance lorsqu'il l'a rencontré. L'affreuse situation dans laquelle ils étoient, leur foiblesse extrême, & ce que j'ai appris depuis par quelques Sauvages, me prouvent que le rapport que m'a fait le Sieur Viaud au sujet du Sauvage qui l'a volé & abandonné, est veritable : en foi de quoi j'ai donné le présent certificat audit Sieur Viaud, qui doit partir, dès que faire se pourra, pour S. Augustin, & passer de-là dans quelque Colonie Françoise. Au Fort Saint-Marc des Appalaches, le 12 Mai 1766.

Signé SEVETTENHAM.

APPROBATION.

J'Ai lu, par ordre de Monseigneur le Chancelier, un Ouvrage intitulé, *Naufrage & Aventures de M. Pierre Viaud*, &c. & je n'y ai rien trouvé qui puisse en empêcher l'impression. A Paris, ce 28 Novembre 1769.

D'HERMILLY.

PRIVILEGE DU ROI.

LOUIS, PAR LA GRACE DE DIEU, ROI DE FRANCE ET DE NAVARRE: à nos amés & féaux Conseillers, les Gens tenans nos Cours de Parlement, Maîtres des Requêtes ordinaires de notre Hôtel, Grand Conseil, Prévôt de Paris, Baillifs, Sénéchaux, leurs Lieutenans Civils, & autres nos Justiciers qu'il appartiendra: SALUT. Notre amé *LE JAY*, Libraire, Nous a fait exposer qu'il desireroit faire réimprimer & donner au Public un Ouvrage intitulé: *Naufrage & Aventures du Capitaine Viaud*, s'il Nous plaisoit lui accorder nos Lettres de permission à ce nécessaires. A CES CAUSES, voulant favorablement traiter l'Exposant, Nous lui avons permis & permettons par ces Présentes de faire imprimer ledit Ouvrage autant de fois que bon lui semblera, & de le faire vendre & débiter par-tout notre Royaume pendant le tems de trois années consécutives, à compter du jour de la date des Présentes. Faisons défenses à tous Imprimeurs, Libraires & autres personnes, de quelque qualité & condition qu'elles soient, d'en introduire d'impression étrangere dans aucun lieu de notre obéiſſance ; à la charge que ces Préſentes feront enrégiſtrées tout au long ſur le régiſtre de la Communauté des Imprimeurs & Libraires de Paris, dans trois mois de la date d'icelles ; que l'impreſſion dudit Ouvrage ſera faite dans notre Royaume, & non ailleurs, en bon papier & beaux caractères, que l'Impétrant ſe conformera en tout aux Réglemens de la Librairie, & notamment à celui du 10 Avril 1725, à peine de déchéance de la préſente Permiſſion ; qu'avant de l'expoſer en vente, le manuſcrit qui aura ſervi de copie à l'impreſſion dudit Ouvrage, ſera remis dans le même etat où l'Approbation y aura été donnée ès mains de notre très-cher & féal Chevalier, Chancelier, Garde des Sceaux de France, le ſieur DE MAUPEOU ; qu'il en ſera enſuite remis deux exemplaires dans notre Bibliothèque publique, un dans celle de notre Château du Louvre, & un dans celle dudit Sieur DE MAUPEOU ; le tout à peine de nullité des Préſentes. Du contenu deſquelles vous mandons & enjoignons de faire jouir ledit Expoſant ou ſes ayans cauſe pleinement & paiſiblement, ſans ſouffrir qu'il leur ſoit fait aucun trouble ou empêchement. VOULONS qu'a la copie des Préſentes, qui ſera imprimée tout au long au commencement ou à la fin dudit Ouvrage, foi soit ajoutée comme à l'original. Commandons au premier notre Huissier ou Sergent sur ce requis, de faire pour l'exécution d'icelles, tous Actes requis & nécessaires, sans demander autre permission, & nonobstant clameur de Haro, Chartre Normande, & Lettres à ce contraires. Car tel est notre plaisir. DONNÉ à Paris le treizième jour du mois de Décembre, l'an mil sept soixante-neuf, & de notre Règne le cinquante-cinquième. Par le Roi en son Conseil.

LE BEGUE.

Régistré sur le Régistre XVIII de la Chambre Royale & Syndicale des Libraires & Imprimeurs de Paris, N°. 846, fol. 84, conformément au Réglement de 1723. A Paris, ce 22 Décembre 1769.

KNAPEN, *Adjoint.*

www.ingramcontent.com/pod-product-compliance
Lightning Source LLC
Chambersburg PA
CBHW070615160426
43194CB00009B/1279